U0572398

国家出版基金项目
NATIONAL PUBLICATION FOUNDATION

[青少年太空探索科普丛书·第 2 辑]

SCIENCE SERIES IN SPACE EXPLORATION FOR TEENAGERS

太空探索再出发 引领读者畅游浩瀚宇宙

揭秘信息战

焦维新○著

辽宁人民出版社 | 辽宁电子出版社

图书在版编目（CIP）数据

揭秘信息战 / 焦维新著 . — 沈阳 : 辽宁人民出版
社 , 2021.6（2022.1 重印）
（青少年太空探索科普丛书 . 第 2 辑）
ISBN 978-7-205-10191-6

Ⅰ . ①揭… Ⅱ . ①焦… Ⅲ . ①信息战—青少年读物
Ⅳ . ① E866-49

中国版本图书馆 CIP 数据核字（2021）第 091393 号

出　　版：辽宁人民出版社　辽宁电子出版社
发　　行：辽宁人民出版社
　　　　　地址：沈阳市和平区十一纬路 25 号　邮编：110003
　　　　　电话：024-23284321（邮　购）　024-23284324（发行部）
　　　　　传真：024-23284191（发行部）　024-23284304（办公室）
　　　　　http://www.lnpph.com.cn
印　　刷：北京长宁印刷有限公司天津分公司
幅面尺寸：185mm×260mm
印　　张：9.25
字　　数：151 千字
出版时间：2021 年 6 月第 1 版
印刷时间：2022 年 1 月第 2 次印刷
责任编辑：贾　勇　蔡　伟
装帧设计：丁末末
责任校对：耿　珺
书　　号：ISBN 978-7-205-10191-6

定　　价：59.80 元

前言
PREFACE
———

　　2015 年，知识产权出版社出版了我所著的《青少年太空探索科普丛书》（第 1 辑），这套书受到了读者的好评。为满足读者的需要，出版社多次加印。其中《月球文化与月球探测》荣获科技部全国优秀科普作品奖；《揭开金星神秘的面纱》荣获第四届"中国科普作家协会优秀科普作品银奖"；《北斗卫星导航系统》入选中共中央宣传部主办、中国国家博物馆承办的"书影中的 70 年——新中国图书版本展"。从出版发行量和获奖的情况看，这套丛书是得到社会认可的，这也激励我进一步充实内容，描述更广阔的太空。因此，不久就开始酝酿写作第 2 辑。

　　在创作《青少年太空探索科普丛书》（第 2 辑）时，我遵循这三个原则：原创性、科学性与可读性。

　　当前，社会上呈现的科普书数量不断增加，作为一名学者，怎样在所著的科普书中显示出自己的特点？我觉得最重要的一条是要突出原创性，写出来的书无论是选材、形式和语言，都要有自己的风格。如在《话说小行星》中，将多种图片加工组合，使读者对小行星的类型和特点有清晰的认识；在《水星奥秘 100 问》中，对大多数图片进行了艺术加工，使乏味的陨石坑等地貌特征变得生动有趣；在关于战争题材的书中，则从大量信息中梳理出一条条线索，使读者清晰地了解太空战和信息战是由哪些方面构成的，美国在太空战和信息战方面做了哪些准备，这样就使读者对这两种形式战争的来龙去脉有了清楚的了解。

　　教书育人是教师的根本任务，科学性和严谨性是对教师的基本要求。如果拿不严谨的知识去教育学生，那是误人子弟。学校教育是这样，搞科普宣传也

是这样。因此，对于所有的知识点，我都以学术期刊和官方网站为依据。

图书的可读性涉及该书阅读和欣赏的价值以及内容吸引人的程度。可读性高的科普书，应具备内容丰富、语言生动、图文并茂、引人入胜等特点；虽没有小说动人的情节，但有使人渴望了解的知识；虽没有章回小说的悬念，但有吸引读者深入了解后续知识的感染力。要达到上述要求，就需要在选材上下功夫，在语言上下功夫，在图文匹配上下功夫。具体来说做了以下努力。

1. 书中含有大量高清晰度图片，许多图片经过自己用专业绘图软件进行处理，艺术质量高，增强了丛书的感染力和可读性。

2. 为了增加趣味性，在一些书的图片下加了作者创作的科普诗，可加深读者对图片内涵的理解。

3. 在文字方面，每册书有自己的风格，如《话说小行星》和《水星奥秘100问》的标题采用七言诗的形式，读者一看目录便有一种新鲜感。

4. 科学与艺术相结合。水星上的一些特征结构以各国的艺术家命名。在介绍这些特殊结构时也简单地介绍了该艺术家，并在相应的图片旁附上艺术家的照片或代表作。

5. 为了增加趣味性，在《冥王星的故事》一书中，设置专门章节，数字化冥王星，如十大发现、十件酷事、十佳图片、四十个趣事。

6. 人类探索太空的路从来都不是一帆风顺的，有成就，也有挫折。本丛书既谈成就，也正视失误，告诉读者成就来之不易，在看到今天的成就时，不要忘记为此付出牺牲的人们。如在《星际航行》的运载火箭部分，专门加入了"运载火箭爆炸事故"一节。

十本书的文字都是经过我的夫人刘月兰副研究馆员仔细推敲的，这个工作量相当大，夫人可以说是本书的共同作者。

在全套书内容的选择上，主要考虑的是在第1辑中没有包括的一些太阳系天体，而这些天体有些是人类的航天器刚刚探测过的，有许多新发现，如冥王星和水星。有些是我国正计划要开展探测的，如小行星和彗星。还有一些是太阳系富含水的天体，这是许多人不甚了解的。第二方面的考虑是航天技术商业化的一个重要方向——太空旅游。随着人们生活水平的提高，旅游已经成为日常生活必不可少的活动。神奇的太空能否成为旅游目的地，这是人们比较关心

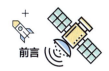

的问题。由于太空游费用昂贵，目前只有少数人能够圆梦，但通过阅读本书，人们可以学到许多太空知识，了解太空旅游的发展方向。另外，太空旅游的方式也比较多，费用相差也比较大，人们可以根据自己的经济实力，选择适合自己的方式。第三方面，在国内外科幻电影的影响下，许多人开始关注星际航行的问题。不载人的行星际航行早已实现，人类的探测器什么时候能进行超光速飞行，进入恒星际空间，这个话题也开始引起人们的关注。《星际航行》就是满足这些读者的需要而撰写的。第四方面是直接与现代战争有关的题材，如太空战、信息战、现代战争与空间天气。现代战争是人们比较关心的话题，但目前在我国的图书市场上，译著和专著较多，很少看到图文并茂的科普书。这三本书则是为了满足军迷们的需要，阅读了美国军方的大量文件后书写完成。

《青少年太空探索科普丛书》（第 2 辑）的内容广泛，涉及多个学科。限于作者的学识，书中难免出现不当之处，希望读者提出批评指正。

本套图书获得国家出版基金资助。在立项申请时，中国空间科学学会理事长吴季研究员、北京大学地球与空间科学学院空间物理与应用技术研究所所长宗秋刚教授为此书写了推荐信。再次向两位专家表示衷心的感谢。

焦维新

2020 年 10 月

目录
CONTENTS

第 1 章

信息与信息获取

现代世界是信息的世界，人类无时无刻不被包裹其中。现代战争成为以信息为首要资源的战争，军事信息成为决定战争胜负的重要因素。

 # 日常生活中的信息

▶ 什么是信息?

我们在日常生活中经常听到"信息"这个词。通俗地说,信息就是指音信、消息、资讯和新闻等,泛指人类社会通过各种途径传播的一切内容。《现代汉语词典》中对信息的解释是"音信;消息""信息论中指用符号传送的报道,报道的内容是接收符号者预先不知道的"。信息包含于日常生活中的方方面面,一个人身处不同的环境,涉及的信息和所关注的信息也不同。例如,一位小朋友跟随一个旅行团到外地旅游,这个小朋友关注什么呢,他参加了哪些活动,看到了什么,对这些活动有什么感想,当他把自己的所见所闻向爸爸妈妈汇报时,汇报的内容就是信息。

我们每天都要与信息打交道。一天不管怎样忙,一般总是要看《新闻联播》,了解国内外大事;要看看《天气预报》,了解未来几天的天气状况;许多人都有手机,要看短消息、微信,了解朋友圈内的事情。上网更是不能少的,可了解的信息就太多了,我们就不再一一列举了。总之,我们生活在信息时代,每天都要与信息打交道。

方才,我们无意中用了一个名词"信息时代"。什么是信息时代呢?信息时代(Information Age)可以定义为计算机、互联网和卫星通信的时代。人们常用最具代表性的生产工具来代表一个历史时期,人类文明的发展时代历程包括:石器时代、青铜器时代、铁器时代、蒸汽时代、电气时代、原子时代等。用这种思维模式来分析近 100 年的历史,可以看到人类已经迈入了信息时代。信息时代,人类以更快更便捷的方式获得并传递人类创造的一切文明成果;人类拥有了非常有效的交往手段,世界人民的交往和对话更加密切。这有利于人类的共同繁荣。

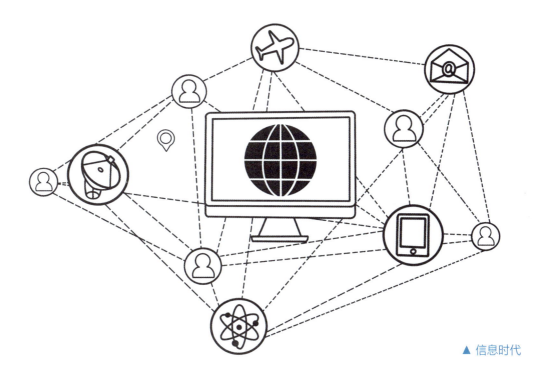

▲ 信息时代

▶ 信息获取方法

随着科技的发展，人们在日常生活中获取信息的方式非常多，科技含量越来越高。

第一种方式是电视，这种方式老少咸宜。通过电视可获得的信息非常多，有新闻、广告、天气预报；有电影、体育赛事、电视连续剧；有科技介绍、动画片、纪录片；有音乐、舞蹈、综艺节目。

第二种方式是互联网。根据 2019 年 12 月 3 日中国互联网络信息中心发布的《第 44 次中国互联网络发展状况统计报告》显示，截至 2019 年 6 月底，中国网民规模达 8.54 亿，互联网普及率达到 61.2%，过半数中国人已经使用互联网。互联网的优点如下：

（1）不受空间限制；

（2）具有时域性（更新速度快）；

（3）具有互动性；

（4）使用成本低；

（5）发展趋向于个性化；

（6）使用者众多；

（7）有价值的信息被整合，信息储存量大、高效、快速；

（8）信息交换能以多种形式存在（视频、图片、文字等）。

手机和计算机是接入互联网的两种主要方式。目前，手机上网已经成为人们接触互联网的最主要方式。

随着手机 APP 不断推陈出新，手机的功能早已超出打电话的局限，视频通话、社交媒体、购物、教育等，这些功能都是通过互联网实现的。特别是移动支付已经成为消费趋势，这也是中国科技领先之处。新型冠状病毒肺炎疫情期间，各种手机健康码成为大家安全的重要屏障。

▲ 日常生活中信息收集的主要方式

军事信息

▶ 什么是军事信息？

所谓军事信息，就是与军事活动有关的信息，涉及许多方面，如部队部署、机关位置、雷达位置及雷达频率、重要打击目标的位置……

与日常生活中的信息相比，军事信息具有以下特点：

（1）保密性强。不管是进攻方还是防守方，关键信息的泄露都关系到战争的胜负。

（2）信息变化快。战场情况瞬息万变，各类信息也随时变化，这就给获得实时信息带来困难。

（3）信息种类多。仅从信息所处的频谱范围来看，有声音信息、红外信息、可见光信息和射频信息等。

（4）需要同时采用多种获取信息的方法。

（5）信息真假难辨。

（6）信息的来源呈立体分布，涉及陆、海、空、天。

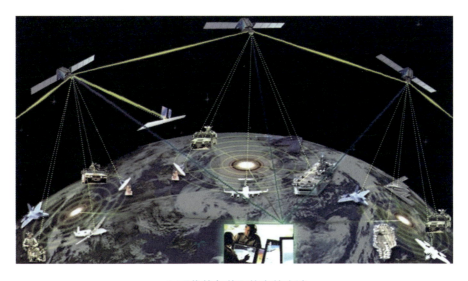

▲ 现代战争获取信息的方法

▶ 军事信息技术

正是由于信息的重要性和复杂性，人们对信息及信息处理越来越重视，逐渐发展起信息技术。信息技术（Information Technology，IT）是管理和处理信息所采用的各种技术的总称。

▲ 信息技术

它主要是应用计算机科学和通信技术来设计、开发、安装和实施信息系统及应用软件，主要包括传感技术、计算机技术和通信技术。它也常被称为信息和通信技术（Information and Communications Technology，ICT）。

随着信息技术在军事领域的广泛应用，逐渐形成了军事信息技术。

军事信息技术作为军事技术的核心领域，是以电子信息技术为核心的高新技术在军事领域的广泛应用，引发了军事领域一系列深刻变革。它主要包括：

▼ 卫星通信

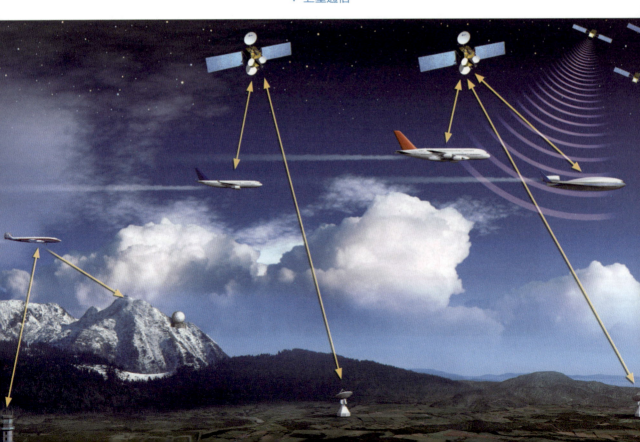

微电子技术、光电子技术、计算机技术、传感器技术、信息网络技术和多媒体技术等。这些技术的快速发展，使主战装备作战效能获得质的飞跃，产生了如预警机、反辐射导弹、信息战装备、激光武器、微波武器等以信息技术为主体的新型武器装备，综合电子信息系统使武器装备的整体作战效能倍增。如今，军事信息技术已成为决定战争胜负的一个重要因素，许多国家都把大力发展军事信息技术作为增强国防实力的关键技术和措施。

在这个信息时代，信息是重要的战略资源，信息优势是夺取决策优势和全面军事优势的技术基础。作为夺取信息优势和决策优势的关键手段，先进军事信息系统的军事价值越来越突出，不仅是兵力的"粘合剂""倍增器"，而且也是综合集成武器装备、构建武器装备体系的核心。

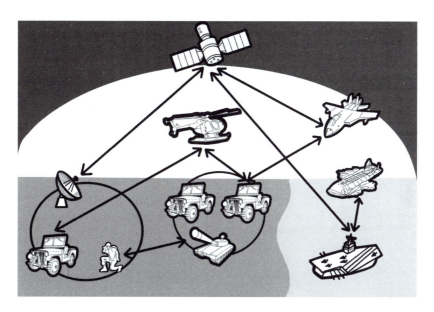

▲ 军事信息

▶ 获取军事信息的方法

获取军事信息的方法科技含量很高，形式多样，载体也呈立体分布。

获取军事信息的方法主要有三种：卫星、侦察飞机和雷达。

卫星主要包括电子侦察卫星、光学成像卫星、雷达卫星。

电子侦察卫星利用卫星上的电子侦察设备对陆、海、空平台难以截获的雷

▲ 典型的雷达卫星

达、通信和武器系统等辐射源目标所辐射的电磁信号进行侦察，获取侦察情报和进行打击效果评估，为电子信息作战提供情报支援，主要包括信号普查、信号特征参数测量、信号承载的信息内容提取、辐射源定位和对地面目标的监视等。

　　光学成像卫星是利用光学成像遥感器获取图像信息的侦察卫星。星载遥感器主要工作在可见光和红外谱段。可在单一谱段和多个谱段采用胶片或光电器

件成像，具有图像直观、分辨率高等特点。美国锁眼 -12 卫星的地面分辨率已达 0.1 米。

雷达卫星具有全天候、全天时及能穿透一些地面物体的成像特点，显示出它与光学遥感器相比的优越性。雷达遥感数据也在多学科领域中得到了广泛的应用。

侦察飞机包括预警机和电子战飞机。

预警机即空中指挥预警飞机（Air Early Warning，AEW），这种飞机拥有整套远程警戒雷达系统。

电子战飞机是用于搜索、监视空中或海上目标，指挥并可引导己方飞机执行作战任务的飞机，它是一种专门对敌方雷达、电子制导系统和无线电通信设备进行电子侦察、干扰和攻击的飞机。其主要任务是使敌方空防体系失效，掩护己方飞机顺利执行攻击任务。

雷达是利用电磁波对障碍物（目标）的反射特性来发现目标的一种电子设备，通常由收发天线、发射机、接收机和显示器组成。其工作原理是：首先由雷达发射机发射出一串短促脉冲式的电磁波（称为入射波）照射目标（譬如一架正在飞行的飞机），并利用雷达接收机接收从目标反射回来的电磁波（称为回波）。然后根据雷达发射电磁波和接收回波的时间差以及电磁波在空间的传播速度，计算出雷达到目标的距离，而目标的方向则由雷达接收回波的天线指向角测出。由此即得到目标所在的空间位置，从而可对目标的距离、角度和速度进行跟踪。

军用雷达是专门为特定的军事用途而设计制造的无线电探测和定位装置。军用雷达种类繁多，按其发射接收天线所在位置可分为单基地雷达、双基地雷达

和多基地雷达；按其发射波形分为连续波雷达、调频连续波雷达和脉冲波雷达；按其装载的平台可分为地基雷达、机载雷达、舰载雷达和星载雷达；按其使用的波长可分为短波雷达、米波雷达、分米波雷达、微波雷达和毫米波雷达；按其探测的目标类型和目的可分为预警雷达、截获雷达、跟踪雷达、制导雷达、寻的雷达、成像雷达和地形回避雷达等；按其最大有效距离可分为视距雷达和超视距雷达。

军用雷达是获取陆、海、空、天战场全天候、全天时战略和战术情报的重要手段之一，是防天、防空、防海和防陆武器系统和指挥自动化系统的首要传感器。它不但可以预警、截获、跟踪、识别、引导拦截空中、海面、地面和外空的各类飞行目标，而且具有依靠空中或外空平台对地大面积固定目标进行成像的能力。

▲ 获取军事信息的方法

⭐ 知识总结

写一写你的收获

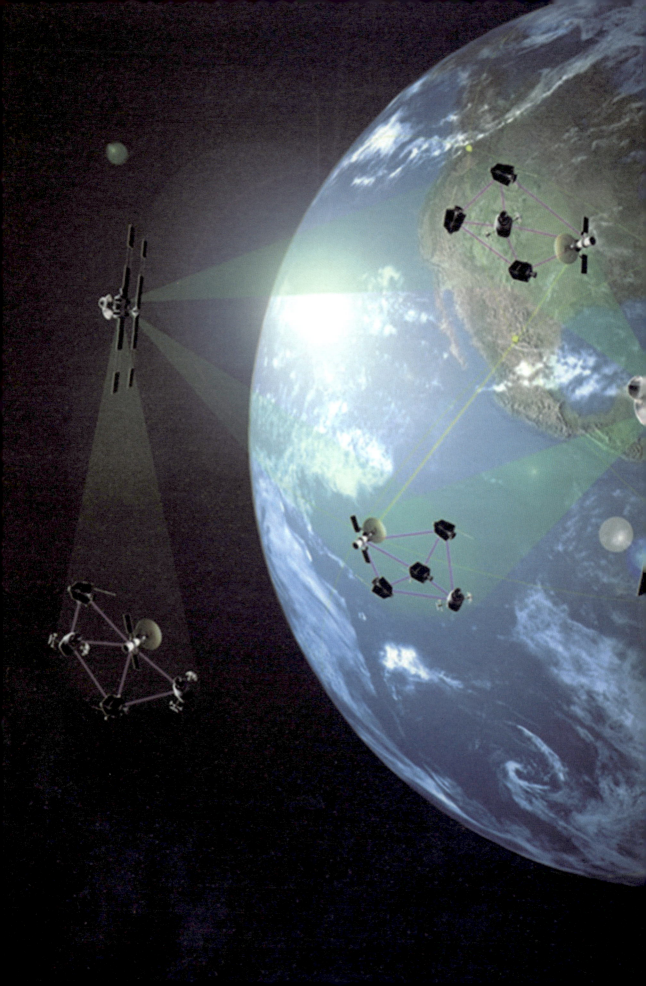

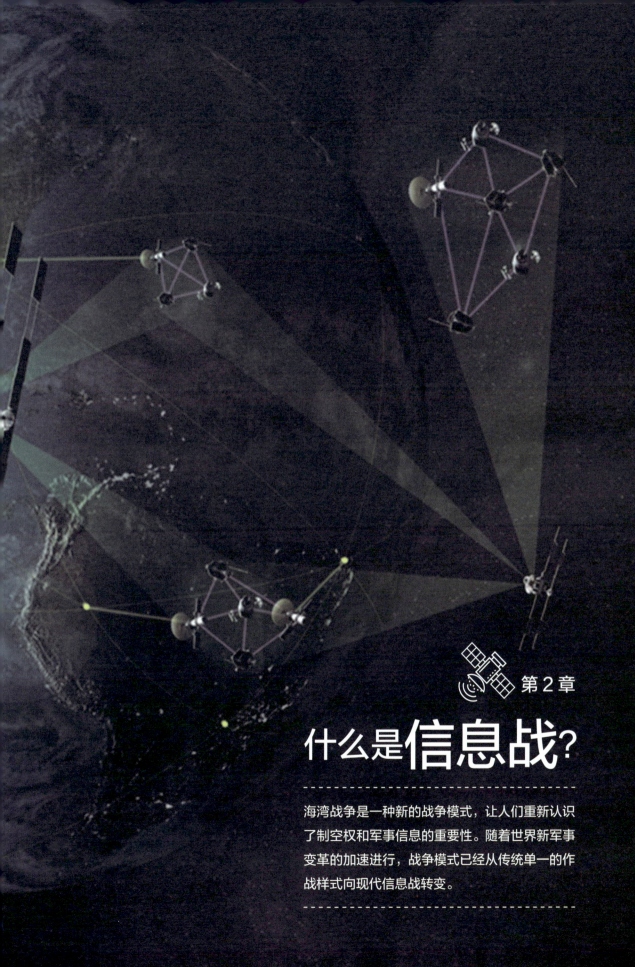

第 2 章

什么是信息战?

海湾战争是一种新的战争模式,让人们重新认识了制空权和军事信息的重要性。随着世界新军事变革的加速进行,战争模式已经从传统单一的作战样式向现代信息战转变。

海湾战争中的信息战元素

▶ 电子战先行——白雪行动

早在 1990 年底之前，为了攻击伊拉克，在调兵遣将的同时，以美国为首的多国部队制订了代号为"白雪"的电子战行动计划，详细拟订了实施电子突击的方案。

首先是对伊拉克的雷达、通信、制导等系统进行软杀伤电子突击。1991 年 1 月 17 日大规模空袭开始前约 24 小时，多国部队根据几个月来从空间和地面搜集到的伊拉克指挥、控制、通信系统各电台使用频率情况，以地面干扰设备对伊军的指挥、控制和通信系统进行了强烈的干扰，在空中预警机和加油机出动之后，又出动了大批 EA-6B、EF-111A 和 EC-130H 电子战飞机，分别在离目标区 160、148 和 130 千米的空域对伊军防空雷达、通信系统进行压制性大功率干扰，为空袭飞机的突防和攻击提供远、中距离支援干扰或随队掩护干扰，使伊军处于雷达迷盲、通信中断、制导失灵的被动挨打困境，甚至连广播电台都是一片噪声。

接着是采取"硬杀伤"手段进行电子突击。在空袭机群轰炸开始之前约 30 分钟，就出动大批反雷达飞机，发射反雷达导弹，摧毁伊军尚在工作的雷达或迫使其关机，使之完全失灵，保证多国部队空袭的突然性和有效性。

之后在空袭过程中仍对伊军实施不间断的电子情报侦察，一旦发现新的电磁威胁系统，便立即对其干扰或摧毁。在最初 24 小时所出动的 2000 架次飞机中，大部分是电子战飞机。除了实施有源射频干扰外，还广泛使用了红外干扰曳光弹和有源红外干扰机等光电干扰措施，以干扰伊方的红外制动导弹和探测器。多国部队的电子战一直是陆空联合进行的，在地面使用电子干扰车和一次性使用的电子干扰器材，航空电子战最为活跃，是其实施电子突击的主体。"白雪"计划的出笼，使得伊拉克军队在开战之前就注定了将要全军覆灭的命运。实战中，多国部队正是通过"白雪"计划拟订的全电子突击方略，夺取了

整个战场的制电磁权。

1991年2月8日，根据电子侦察卫星提供的情报，美军派遣F-16战机袭击了伊拉克巴士拉以北160千米处的一个车队。后续其他情报证实，萨达姆就在这个车队中，但是在袭击中幸免于难。因为海湾战争期间，美军有意识地保留了萨达姆的部分通信能力，以便作为电子侦察卫星的跟踪信标，电子侦察卫星通过对萨达姆相关的通信信号的截获与辐射源定位，从而为"斩首行动"提供了目标信息与有效引导。

▲ 美国部分电子战飞机

EC-130H

EA-18G

▲ 美国部分电子战飞机

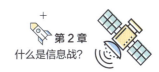

▲ 美国 F-15E 战斗机

▲ 美国 F-18 型战斗机突破音障

在海湾战争中，美军使用的电子侦察卫星至少有6颗，分别属于"水星""顾问"和"号角"这3种类型。美军通过各种手段引诱伊拉克防空部队开启了大量隐蔽的防空雷达，电子侦察卫星随后截获到这些雷达信号，并对其实施定位，协助各种打击武器对上述雷达进行摧毁。通过电子侦察卫星侦收到的雷达在遭受打击前后的工作信号的对比，可判断该雷达的受损程度，从而对打击效果进行评估。

多国部队仅用了42天就击败了经过8年两伊战争洗礼的军事强国伊拉克的军队。可以说，电子战功不可没。可以说，海湾战争是现代信息作战的一个重要里程碑。

▶ 病毒武器

病毒武器在信息战中也发挥了巨大作用。

1991年的海湾战争虽称不上是一场真正意义上的信息战，但信息战武器在其中功勋卓著。多国部队通过计算机病毒武器攻击伊拉克的指挥控制网络系统，使其完全失效，整个伊军就像一盘散沙，只能任人宰割。

海湾战争爆发前，美国情报部门获悉，伊拉克从法国购买了一种用于防空系统的新型计算机打印机，准备通过约旦首都安曼运到巴格达。美国在安曼的特工人员立即行动，偷偷把一套带有病毒的同类芯片换装到这种计算机打印机里，从而通过打印机使病毒侵入伊拉克军事指挥中心的主机。据称，计算机芯片是美国马里兰州米德堡国家安全局设计的，病毒名为AFgl。当美国领导的多国部队发动"沙漠风暴"行动空袭伊拉克时，美军用无线遥控装置激活了隐藏的病毒，致使伊拉克的防空系统陷入了瘫痪。萨达姆不知不觉吃了一个大亏，让美国飞行员像在家里玩电子

▲ 计算机病毒

游戏一样自由自在地来来去去，自己陷入了被动挨打的境地。

▶ 信息化条件下局部战争的样本

如果说 1991 年海湾战争是美军从单平台机械化战争向信息系统支持下的机械化战争转变的起步，那么 2003 年伊拉克战争则是美军实现信息系统支持下的机械化战争的标志。

海湾战争预示着信息化作战正式登场，是机械化战争向信息战的历史转折点，对世界军事具有重大现实意义和深远历史意义。以信息技术为核心的一大批高技术群的发展引起军事变革，同时军事变革又牵引着科学技术获得深入发展，进而推动新军事变革向更高层次迈进。其结果是各国在军事上的差距会进一步扩大。

伊拉克战争进一步展现出向信息战迈进的历史性跨越。它向世人演示了一场以天网和信息伞为支撑、以信息情报为主导、以控制对手精神与意志为目标、以精确打击为辅助的信息化作战。信息已经从"协助制订计划的辅助地位，上升到引导作战进程、确立作战目标的主导地位"，标志着新的战争形态正在趋于成熟。

支撑信息作战的核心技术是信息和情报，目标信息和情报主要依靠卫星、预警机、侦察机、无人飞行器和传感器等支撑起的信息网来提供，战场监控、信息传输、导航定位、精确制导，都依赖卫星等传感器来支持，这已经被近几场局部战争所证明。伊拉克战争中，美军在 600～800 千米的外层空间，有多达 116 颗各类卫星；在 2 万米左右高空，有"全球鹰"无人机；在 1 万米左右高空，有预警机；在 6000 米高空，有"捕食者"无人机；在几百米的低空，有无人飞行器；在地面有各类传感器和特战情报人员。形成了战略、战役、战术不同层次的立体信息伞，对伊全境及各个战场进行全时空、全方位监控。凭借这一信息网，美军指挥官随时都能了解"我在哪里，敌人在哪里；我在做什么，对手在做什么"，认知战场能力和指挥作战效率大幅提高。

实际上，新军事变革更加强调精神和意志的力量，这是因为：以往的战争目的是"消灭敌人，保存自己"，而信息战目的是"控制敌人，保存自己"，征

服对方的精神、意志与心理。

的确，战争形态发生了变化，在信息情报主宰下近乎实时的高定位的精确打击，其损伤力是空前的。但是，美军出于政治、经济、军事等综合利益的考虑，更加强调利用军事打击产生的震撼效果来瓦解对方的抵抗意志，强调运用综合手段创造辉煌的胜利。从交战过程看，美军更加注重斩首、震慑和攻心，打击的重心是要害目标、国家首脑机关和领导人的住所、军队的指挥控制系统。这正好合了《孙子兵法》中强调的以"伐谋"求得"全胜"的思想。战争中美军对远程精确制导武器的密集使用、装甲部队的高速机动、特种部队的广泛运用，以及心理战、宣传战、媒体战、情报战的开展，全都着眼于"震慑"和心理控制，着眼于瘫痪和瓦解伊拉克军民的抵抗意志。

21世纪，是一个变革的世纪、创新的世纪。在这个世纪里，科学技术的进步将会不断加快，理论的创新也片刻不会停顿。随着新军事变革的深化和信息战的发展，新的战争理论、新的战场设计、新的作战样式，还将会不断涌现，并不断运用到战争实践中去。

信息战的内涵

▶ 什么是信息战？

信息战指使用以信息技术为主导的武器装备系统，以信息为主要资源，以信息化军队为主体，以信息中心战为主要作战方式，以争夺信息资源为直接目标，并以相应的军事理论为指导的战争。

信息战这个概念最早出现在20世纪80年代中期。1991年的海湾战争由多国部队在战场上进行了首次实践。1992年美国国防部颁发的《国防部指令》提到了信息战。信息战不只是一些能力，它要与网络空间结合以发挥威力。

近年来，随着世界新军事变革加速进行，战争模式从传统单一的作战样式向现代信息战转变，据有关专家预测，21世纪的战争将是一场别开生面的信息战。正如阿尔文·托夫勒所形容的，未来战争"谁掌握了信息，谁就将拥有整个世界"。信息战，是以信息为核心资源和主导要素，以信息化武器装备为基础，以信息化战场为依托，在陆、海、空、天、电磁、网络认知等全维空间上展开的，以夺取和建立信息优势为核心的高度一体化作战。信息化武器按其作战性质可分为进攻性信息化武器和防御性信息化武器两大类。

（1）进攻性信息化武器可分为软杀伤和硬摧毁两类，如雷达干扰系统、通信干扰系统、光电干扰系统、电力干扰弹和计算机病毒武器等，属于软杀伤信息化武器；反辐射导弹、反辐射无人机、电磁脉冲弹、强激光反卫星武器等属于硬摧毁信息化武器。

（2）防御性信息化武器是由预警雷达等各种电子侦察设备，激光告警、雷达告警等各种告警装置，红外诱饵弹、雷达假目标等各种电子防御装备，杀毒软件、网络防火墙等各种网络防御装备组成。

信息化武器与陆战、海战、空战、天战武器相比，有哪些优点呢？

第一，机械化战争武器系统主要运用于陆、海、空战场，而信息战除了传统战场外还包括太空、电磁、网络、心理，既扩大了原来的战场空间，又扩展

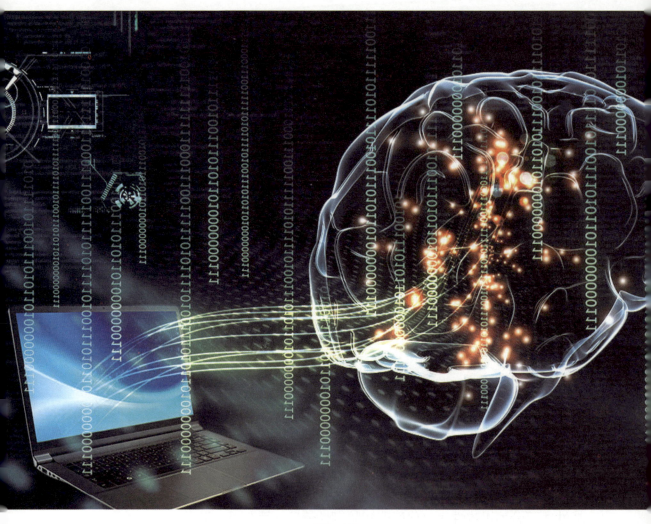

▲ 信息时代

到无形的领域。信息化武器系统将运用于上述空间形成的一体化战场。

　　第二，信息化武器不再以杀伤战场上的有生力量为目的，信息战把控制信息流、打击对方的侦察预警、指挥控制系统、控制信息网络和夺取信息优势作为主要任务和打击的重心，从而减少了人员伤亡。

　　第三，相对于机械化战争，信息化武器作战效果高而成本相对较低。

　　第四，机械化战争的本质是消灭对方的有生力量，夺占对方的领土和阵地，而信息化武器是以攻击对方的信息获取、传输、存储和处理等能力为目标，本质是干扰、破坏对方的侦察、预警、指挥、决策和作战行动等构成的指挥链。传统武器装备仅在战争爆发后才发生作用，而许多信息化武器，如侦察卫星、

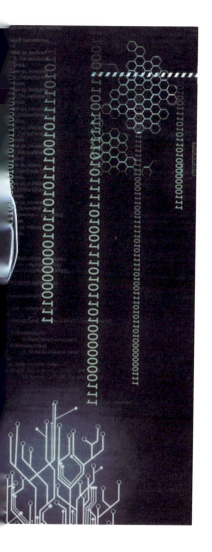

电子侦察卫星、预警雷达等在和平时期就可以全天时、全天候工作。只有这样，才能在战争爆发后发挥作用。

信息化军队的核心是 C⁴ISR 系统，综合运用电子干扰等软杀伤手段以及反辐射导弹、电磁脉冲弹等硬杀伤武器，打击敌人的 C⁴ISR 系统。从作战效果来看，更具决定性意义。

21 世纪战争将是信息战。作为未来战场上的一种新作战方式，信息战在敌我军事的抗衡中起着举足轻重的作用。随着信息战的发展，攻防兼备的信息化武器在战争中的作用将越来越大。另外，与坦克一般在陆战场使用、飞机一般在空战场使用、军舰一般在海战场使用相比，信息化武器在全域多维一体化战场中都将发挥重要作用。未来战场谁能夺取信息的主导权，谁就将主导战争的发展方向。

▶ 信息战的五大领域

信息战包含五大领域，即电子战、计算机网络战、心理战、军事欺骗战和信息保密战。

1 | 电子战

电子战（Electronic Warfare）是任何涉及使用电磁波谱或定向能来控制频谱、攻击敌人，或通过频谱阻止敌人攻击的行动。电子战可以通过载人和无人系统在空中、海上、陆地和空间上应用，可以针对

▶ 信息战

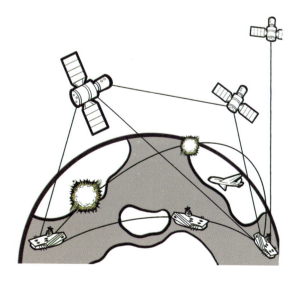

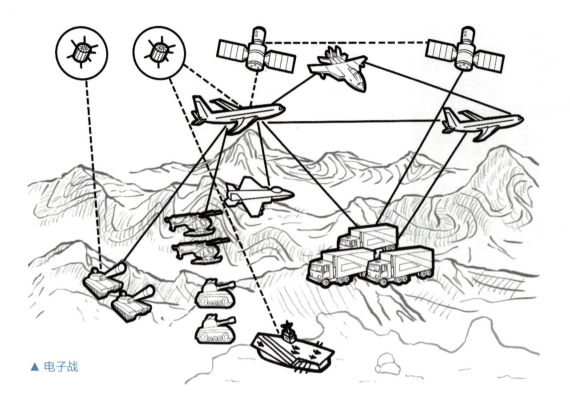

▲ 电子战

▲ 网络战

人类、通信、雷达或其他资产。

2 ｜网络战

网络战（Cyber Warfare）是在战场或战争环境中使用或瞄准计算机、在线控制系统和网络。它包括进攻和防御行动，与网络攻击和间谍的威胁有关。

3 ｜心理战

心理战（Psychological Warfare）是使用诸如宣传或其他心理手段，影响对方观点、情绪，并且达到自己的目的。它被用来诱导或强化对发起人目标有利的态度和行为，还被用来摧毁敌人的士气，通过战术来压制军队的心理状态。目标受众可以是政府、组织、团体和个人，而且不仅仅局限于士兵。外国领土的平民也可以成为技术和媒体的攻击目

标，从而对他们国家的政府产生影响。

4 | 欺骗战

军事欺骗（Deception Warfare）指的是在战争中误导敌军的企图。这通常是通过心理活动、信息战、视觉欺骗和其他方法创造或放大战争的人工迷雾来实现的。作为一种战

▲ 心理战

略，它利用信息（虚假信息）的形式，与心理战相重叠。当任何一个被欺骗的敌人在被揭露的时候都会失去信心，当面对真相时，他可能会犹豫。

▼ 战争中用于迷惑敌人的装备

5 | 信息保密战

信息保密（Confidentiality）是防止未经授权的访问、使用、披露、破坏、修改、检查、记录或销毁信息的做法。信息保密的主要焦点是保护数据的机密性、完整性和可用性，同时不会妨碍信息的正常使用。这主要是通过一个多步骤的风险管理过程来实现的，它可以识别威胁源、漏洞、潜在影响和可能的控制，然后对风险管理计划的有效性进行评估。

▲ 信息保密战

C⁴ISR 系统

► C⁴ISR 系统简介

C⁴ISR系统包括指挥（Command）、控制（Control）、通信（Communication）、计算机（Computer）、情报（Intelligence）、监视（Surveillance）、侦察（Reconnaissance），综合起来即为综合电子信息系统。C⁴ISR 被看作军队的大脑和神经。

综合电子信息系统经历了发展和完善的过程。20 世纪 50 年代指挥自动化被称为 C²（指挥与控制）系统。20 世纪 60 年代，随着通信技术的发展，在系统中加上"通信"，形成 C³（指挥、控制与通信）系统。1977 年，美国首次把"情报"作为指挥自动化不可缺少的因素，并与 C³ 系统相结合，形成 C³I（指挥、控制、通信与情报）系统。后来，由于计算机在系统中的地位和作用日益增强，指挥自动化又加上"计算机"，变成 C⁴I（指挥、控制、通信、计算机和情报）系统。近年来不断发生的局部战争使人们进一步认识到掌握战场态势的重要性，提出"战场感知"的概念，因此 C⁴I 系统又进一步演变为包括"监视"与"侦察"的 C⁴ISR 系统。

C⁴ISR 系统是根据战争的需要发展起来的，它不是单一的武器装备，也不是单一的指挥系统：它包括侦察卫星、雷达、无人机、探测器等信息采集设备；包括通信卫星、光端机、交换机、电台、网络等信息节点、通道和中枢；包括各军兵种的各级、各类指挥机构的软、硬件设施；还包括飞机、军舰、坦克、装甲车、导弹车等作战平台中的信息单元。

C⁴ISR 系统的出现，没有为大炮扩展射程，也没有为军舰增强火力，更没有为飞机提高速度、给导弹增加当量，但是它使得军队的整体实力得到了全面的提升，成为军队夺取信息战新的制高点。

C⁴ISR 系统如此神奇，主要依靠四大关键技术：

（1）系统体系结构设计技术。它是一种渗透在系统内部的规范、标准、协

议等"法规"，其体系结构框架包括作战体系结构、系统体系结构和技术体系结构三个部分，为实现各军兵种部队的互联互通互操作奠定了基础。

（2）综合集成技术。C⁴ISR 系统运用集成技术，将战场指挥控制系统、通信系统、情报监视侦察系统以及其他信息保障系统等集成为一体，最大限度地发挥了指挥自动化系统的整体效能，使集成后的 C⁴ISR 系统整体性能达到最优。

（3）辅助决策技术。它借助计算机等先进设备，综合运用数据库、专家系统和作战模拟等技术手段，帮助作战参谋人员进行作战信息处理，辅助指挥员实施作战指挥决策，具有科学、高效等特点。

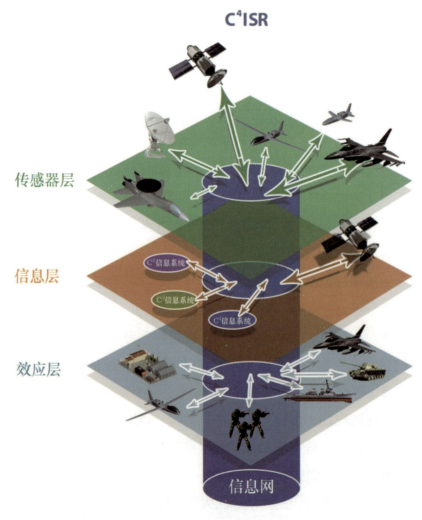

▲ C⁴ISR 系统的功能

（4）信息融合技术。现代信息战场，情报来源多种多样，包括太空的侦察卫星、空中的侦察飞机、地面的侦察车、水面舰艇的雷达、水下的声呐，还有侦察分队、情报人员等都可以获得情报。这些数据和信息并不是越多越好。因此，要借助计算机及综合数据库等手段，对信息进行选择、比较、分析、甄别、融合，将信息转化为有价值的情报，迅速形成统一的战场态势信息，并通过显示设备，直观地展现在指挥员面前。

C^4ISR 系统使导弹变得精准，使战场变得透明，使三军行动更加协调。战争也将因此走进全新的信息化时代。

一个完整的指挥自动化系统应包括以下几个分系统：

"神经中枢"——指挥系统。指挥系统综合运用现代科学和军事理论，实现作战信息搜集、传递、处理的自动化和决策方法的科学化，以保障对部队的高效指挥，其技术设备主要有处理平台、通信设备、应用软件和数据库等。它主要包括国家军事指挥中心、备用国家军事指挥中心和国家空中作战中心三处。在指挥中心，美国总统兼武装部队总司令利用指挥链逐级向第一线作战部队下达命令，最快只需 3~6 分钟；若越级向核部队下达命令，最快只需要 1~3 分钟；只需 40 秒钟便可实现与主要司令部的电话会议。指挥中心是美国军事当局分析判断局势、下定决心、下达命令的中心，是 C^4ISR 系统的核心。国家军事指挥中心始建于 1962 年，设在五角大楼内。该中心负责平时至三级战备的指挥，分设 4 个室，分别是参谋长联席会议室、通信室、当前态势显示室以及电子计算机和屏幕投影显示设备技术室。该中心有 3 台"霍尼韦尔"6000 系列大型计算机作为主机，用于处理各种军事数据。有 6 个 2.4 米 ×3 米的大屏幕显示器，用于在紧急会议室显示敌我力量及其他情报。它拥有先进的通信联络设备如参谋长联席会议警报网、自动电话会议系统、紧急文电传输系统等终端设备。该中心存有 8 份进行全面战争的计划和 60 份在各种危急情况下行动的计划。

"手脚"——控制系统。控制系统是用来搜集与显示情报、资料，发出命令、指示的工具，主要有提供作战指挥用的直观图形图像的显示设备、控制键钮、通信器材及其他附属设备等。

"神经脉络"——通信系统。通信系统通常包括由专用电子计算机控制的若

干自动化交换中心以及若干固定或机动的野战通信枢纽。手段包括有线载波、海底电缆、光纤以及长波、短波、微波、散射和卫星通信等。美国战略 C⁴ISR 系统中主要的通信系统有国防通信系统、国防卫星通信系统、最低限度紧急通信网等。其中，国防通信系统建于 20 世纪 60 年代初，由国防通信局负责管理和技术保障，三军负责维修。它主要保障美国总统同国防部长、参谋长联席会议、情报机关、战略部队的通信联络，保障国防部长与各联合司令部、特种司令部的通信联络，为战略防御提供情报。其中的北方弹道导弹预警系统建立最早，由 3 个大型雷达站组成，可提供 15 分钟的预警时间。但该系统对付低空目标和多目标的能力较差，为了改变这种状况，美军于 20 世纪 70 年代起对其进行改进。改进后其功能大大提高，如图勒站的作用距离从原来的 4800 千米增到 5200 千米，扫描范围扩展到 240°。

"大脑"——电子计算机系统。电子计算机是构成指挥自动化系统的技术基础，是指挥系统中各种设备的核心。指挥自动化系统的计算机要求容量大、功能多、速度快，特别要有好的软件，并形成计算机网络。

"耳目"——情报、监视、侦察系统。情报系统包括情报搜集、处理、传递和显示。主要设备有光学、电子、红外侦察器材、侦察飞机、侦察卫星以及雷达等。监视与侦察系统的作用是全面了解战区的地理环境、地形特点、气象情况，实时掌握敌友兵力部署及武器装备配置及其动向。

美国经过数十年的经营，建成了体积庞大、自动化程度高的战略 C⁴ISR 系统，为实现其霸权主义政策和军事战略提供了有力的保障。但要看到事物的另一方面，C⁴ISR 系统并非十全十美。一是它易受攻击，生存能力弱。由于精确打击技术、反卫星技术和"黑客"技术的发展，在先进作战理论的牵引下，C⁴ISR 系统将是兵家打击的重点目标。二是它的互通性能差。由于美国各军兵种长期以来各自为政，并且受战略武器的特性所限，使美军战略、战术与盟军的 C⁴ISR 系统之间相互沟通有一定的困难。目前美军针对系统的弱点，加快改革的步伐。美军以"勇士 C⁴I"计划为蓝本，在近期内对各军种 C⁴ISR 的系统进行系统集成，实现最大程度的互通，远期目标则是建立一个多级保密的全球无缝信息网。美军 1996 年开通了"全球指挥与控制系统"，取代服役多年的"世界军事指挥与控制系统"，新系统大大提高了数据兼容能力，为全军提供了

通用的操作环境，为实现"勇士 C⁴I"计划打下了坚实的基础。到 21 世纪初，天基红外探测系统、海军协同作战系统、新型无人飞机等信息系统进入现役。其中全球广播系统是由卫星、光纤及无线电话网络组成的大型全球信息系统，该系统将联通各军种 C⁴ISR 系统，为各联合司令部提供近实时战场图像，可将目前通信系统的容量提高 500 倍以上。海湾战争中需数小时才能完成的情报信息搜索、处理、传递功能，该系统将只需数秒即可完成。美国国防部称，高效的信息基础设施和一体化 C⁴ISR 的系统，能使美军具备近实时发现、跟踪、定位和攻击地球表面任何目标的能力，在正确的时间、地点精确地使用兵力，并提高国防管理的效益和效率。

▶ C⁴ISR 系统在现代战争中的作用

C⁴ISR 系统第一次在人类战争中崭露头角是在 1991 年的海湾战争中。在那次战争中，美军第一次使用 C⁴ISR 系统完成了整个战争的指挥。

如果说美军现在要空袭伊军的某个指挥所，按照以往的战争模式，首先需要侦察部队前往进行目标侦察。然后将信息反馈给指挥中心，由指挥中心制订空袭计划，下发命令到参战飞机，最后由参战飞机完成最后一击。整个任务流程即使全部由空军完成也需要一天或者十几个小时。

使用 C⁴ISR 系统后，情况就不一样了。还是这个目标，派出地面或者空中侦察部队进行目标确认，然后通过网络将目标信息直接传递给攻击部队，这些信息包括目标坐标、图像等。攻击部队可以随时在战区待命，接到信息后直接发起精确打击。整个过程顺利的话只需要几分钟。

所以说，C⁴ISR 系统在交战即时性上获得了极大的提高。攻防速度的转换是老式军队所无法比拟的。

再说一个例子。战斗开始后，坐在指挥中心的指挥官距离战区可能几百甚至上千千米。通过 C⁴ISR 系统强大的信息集中、分析能力，他可以随时掌握战场上的情况。通过侦察部队可以了解敌军的动向，通过网络信息终端可以了解己方部队的部署情况，甚至他随时可以获得来自战场上的情报。更夸张的是，作为战区指挥官，他可以通过 C⁴ISR 系统精确指挥到连甚至排，未来甚至是单

▲ C⁴ISR 系统在战场上的应用

兵的作战单位，这样一来作战的灵活度和反应速度将快到可怕。指挥官可以随心所欲地指挥作战单位在可能的情况下打击敌方的任何目标和节点，并使目标彻底瘫痪。

其实，C⁴ISR 系统就是一个巨大的信息网络。美军目前的网络中心战的基础就是 C⁴ISR 系统。利用网络的信息传输方式和速度，一个士兵的单兵计算机

可以了解到周围友军和敌人的部署情况；一架战机可以随时了解目标周围的防御情况以及敌机的动态。想想看，这样一支军队挑战传统指挥模式下的军队简直是"大人打小孩"。你还在行军，敌人已经发现你了；你还在展开，敌人的火力已经打到你的头上；你正准备补给，可你的运输线已经被敌人打得千疮百孔。

在 21 世纪的第一个 10 年，美军已经把 C^{4}ISR 系统的弱点进行了大规模的弥补。就兼容性来说，美军已经成立了若干联合指挥部，平时没有直属部队，一旦有战事，不分兵种统一归指挥部指挥，在同样的数据链支持下，可以说不兼容已经得到初步解决。

知识总结

写一写你的收获

第 3 章

信息战的**五大**系统

21世纪的战争是什么样的战争？

军事专家们预言：21世纪的战争将是一场别开生面的信息战。信息战包含五大领域，即电子战、计算机网络战、心理战、军事欺骗战和信息保密战。本章为大家详细讲述这五大系统。

电子战

　　电子战是指敌对双方争夺电磁频谱使用和控制权的军事斗争，包括电子侦察与反侦察、电子干扰与反干扰、电子欺骗与反欺骗、电子隐身与反隐身、电子摧毁与反摧毁等。目前，军事电子技术所利用的频谱已经覆盖了从低频、短波、微波、毫米波、红外、可见光等全部频谱。

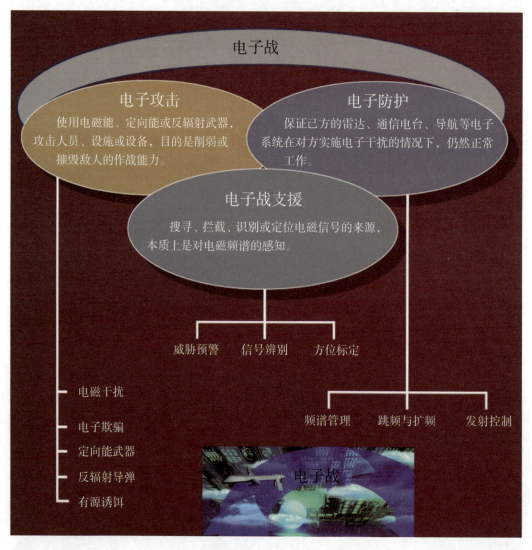

▲ 电子战构成

电子战包含三个部分：电子攻击、电子防护和电子战支援。

电子攻击是利用电子战支援提供的信息，对目标电磁信号实施干扰与破坏。

电子防护是利用电子战支援提供的频谱信息，进行实时频谱使用方式的规划，在时域、频域、空域、码域和极化域有效规避开对方的干扰，为雷达、通信等应用提供可以使用的良好频谱资源，这些可供使用的良好频谱资源与认知无线电中的"频谱空洞"进行通信，而电子防护是利用上述"频谱空洞"确保雷达能够有效探测，信息能够快速传递。

电子战支援是为电子攻击、电子防护、武器规避、目标瞄准或其他兵力战术部署等一些快速决策提供近实时威胁识别而采取的行动。主要包括对辐射源的截获、识别、分析和定位。电子战支援本质上是对电磁频谱的感知。

▶ 电磁频谱的作用日益突出

人类发展的历史同时也是一部战争史，在不同的历史时期总是伴随着不同大小规模的战争。战争从冷兵器时代发展到了热兵器时代，从机械化战争发展

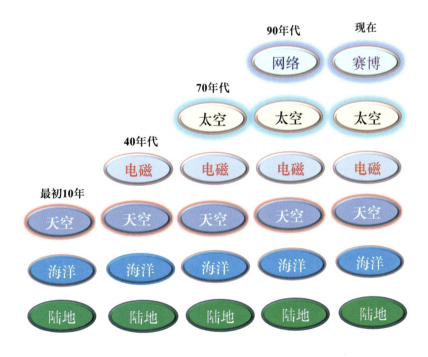

▲ 20世纪历史上人类作战空间的演变

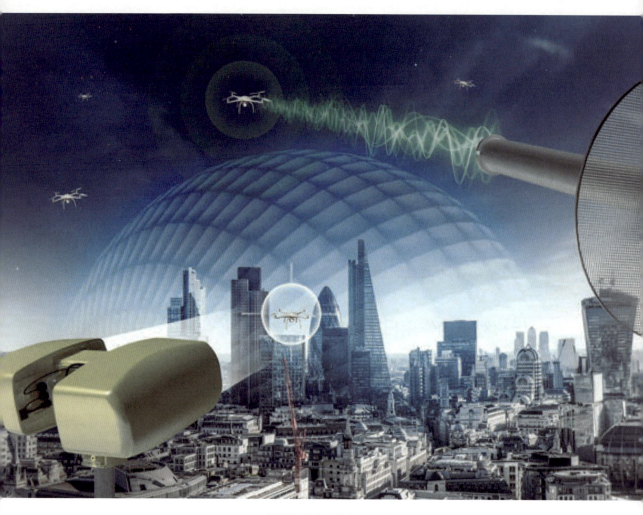

▲ 美国的猎鹰盾牌电子攻击

到了信息战，作战空间在不断扩展。以近百年来人类的战争史为例，从第一次世界大战到第二次世界大战，从越南战争到中东战争，从海湾战争到阿富汗战争，作战空间从陆、海、空已经发展到了陆、海、空、天、电磁、网络等多维空间。

电磁空间中的战斗是从 1940 年开始大规模出现的，随着通信、导航在第二次世界大战中的大量使用，电磁频谱领域内的斗争更加广泛，电磁空间中的斗争形势也从通信对抗扩展到了通信对抗、雷达对抗和导航对抗，电磁空间已经成为新的作战环境，对战争胜负的影响日益明显。目前电磁频谱已经成为连接陆、海、空、天、网络领域的纽带和桥梁，贯穿了现代作战的全流程，是现

代战争中不可缺少的要素。

当前，军事行动是在一个由电磁频谱越来越复杂的信息环境中进行的。信息环境的电磁谱部分被称为电磁环境。今天，电磁设备越来越多地用于民用和军事组织的情报、通信、导航、传感、信息存储和处理。先进电磁设备的便携性和可承受性日益增强，这保证了军事力量的运作，并将在未来变得更加复杂。人们认识到，军事力量必须能够畅通无阻地获取和使用电磁环境信息，这就为电子战提供了支持军事行动的机会。

电磁环境指的是电磁辐射频率从零到无穷的范围。频谱被分成不同的波段，从低端的无线电频率到高端的 X 射线和伽马射线频率。

▶ 电子攻击

电子攻击是利用电磁能量、定向能或反辐射武器，攻击人员、设施或设备，削弱或摧毁敌方电子信息系统的行动，是电子战最重要的一个环节。用于电子攻击的武器主要有电子战飞机、反辐射导弹、电磁脉冲弹、石墨炸弹。

1 | 电子战飞机

电子战飞机是专门执行电子战的军用飞机，主要任务是搜集电子情报、干扰和破坏敌方的电子设备。

轰 6 电子战飞机具有三种电子战模式：第一种模式是防区外支援干扰。也就是在敌方防空导弹打击范围以外，对其防空警戒雷达进行压制干扰。这时候电子干扰波束从对方雷达旁瓣进入，产生噪声和假目标，大大压缩对方雷达的探测范围。第二种模式是伴随干扰。也就是伴随突击编队，对敌方高威胁雷达目标，特别是火控雷达、炮瞄雷达实施大功率干扰。这时由于干扰波束从雷达主瓣注入，干扰强度很大。轰炸机由于飞行速度慢、机动能力差，如果遇到空中拦截，自身的生存力相对较低，因此

EA-6B

这类伴随干扰任务通常由携带干扰吊舱的歼轰-7战机执行。但当执行远距离伴随任务时，例如轰炸机远航、突击远海大型水面目标时，这种轰炸机改进的电子战飞机将具有相当大的优势。第三种模式是自卫干扰。尽管该电子战吊舱是一种典型的专用压制型电子干扰吊舱，但对于轰炸机来说，其重量尚能承受。将它安装到较为老式的轰炸机上，可极大提高生存能力。这样，这些老型号的轰炸机也可以执行一些高威胁的轰炸任务。不过，由于这类专用电子战吊舱价格昂贵，而且付出的重量和阻力代价较高，轰炸机自卫应该不是主要使用方式。

2 ｜反辐射导弹

反辐射导弹是一种专门用来对付无线电信号发射来源的导弹。这里所指的无线电信号来源包括雷达、各种通信设备或者是进行电磁干扰的发射装置。

反辐射导弹的寻标头会搜索指定的一种或多种信号来源，在确定信号的方向之后，导弹会跟随无线电信号飞行以摧毁目标。由于现代的各种发射电磁信

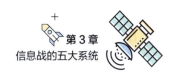

歼 16

EA-18G

轰 6

▲ ▶ 典型的电子战飞机

▲ 中国的反辐射导弹 YJ91

▲ 美国的反辐射导弹 AGM-88E

▲ 澳大利亚的反辐射导弹

号的系统往往将发射机与天线分开两处设置，反辐射导弹最有可能摧毁的目标
并非发射机本身而是天线。

　　反辐射导弹虽然可以追随指定的目标信号，可是在能够使用反辐射导弹对
付特定目标之前，必须先经过大量的无线电信号的识别与分析，从中找出有价
值的信号特征，再将这些资料处理过之后才可以成为反辐射导弹搜索的基本依
据。即使有了信号的特性也不保证反辐射导弹能够每次都成功地摧毁目标的天
线，这个中间牵涉情报的搜集、信号的辨识与方向定位、对目标距离的掌握与
运算，以及各种大气环境与欺骗手段的影响。在使用上需要专业的电子作战系
统的协助才可以提高摧毁效果。

3 ｜电磁脉冲弹

　　电磁脉冲弹主要包括核电磁脉冲弹和非核电磁脉冲弹。核电磁脉冲弹是一

种以增强电磁脉冲效应为主要特征的新型核武器。非核电磁脉冲弹，是利用炸药爆炸压缩磁通量的方法产生高功率微波的电磁脉冲武器。微波武器可使敌方武器、通信、预警、雷达系统设备中的电子元器件失效或烧毁；导致系统出现误码、记忆信息抹掉等，强大的高功率微波辐射会使整个通信网络失控，甚至

▲ 电磁脉冲

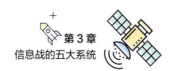

能够提前引爆导弹中的战斗部或炸药。电磁脉冲武器还能杀伤人员，当微波低功率照射时，可使导弹、雷达的操纵人员、飞机驾驶员以及炮手、坦克手等的生理功能发生紊乱，出现烦躁、头痛、记忆力减退、神经错乱及心脏功能衰竭等症状；当微波高功率照射时，可使人的皮肤灼热、眼患白内障、皮肤内部组

织严重烧伤甚至致死。苏联的研究人员曾用山羊进行过强微波照射试验，结果1千米以内的山羊顷刻间死亡，2千米以内的山羊也丧失活动功能而瘫痪倒地。

电磁脉冲武器的特点是能量集中，使投向目标物的能量密度（单位面积中的能量）很高，可由直接照射及耦合侵入的热能累积效应造成目标物损坏，并造成微波同频段的严重干扰。其优点是攻击速度为光速，从发射到击中目标所需要的时间极短，命中率高，无质量故障，不存在弹道等问题。

电磁脉冲是短暂瞬变的电磁现象，它以空间辐射的形式传播，透过电磁波，可对电子、信息、电力、光电、微波等设施造成破坏，可使电子设备半导体绝缘层或集成电路被烧毁，甚至设备失效或永久损坏。其效应包括：（1）强大的电磁脉冲建立的瞬间电场，使通信系统内部电场重新分布，形成电涌电压，对通信信号系统造成损坏；（2）通信系统内部电场瞬间重新分布形成涌流，对通信信号系统造成损坏；（3）强大的电磁场穿过通信系统内部电路产生感生电流，造成通信信号差模干扰，损坏系统；（4）强大的电磁脉冲中丰富的频谱使微电子器件极易产生谐振发热损坏。

在日常生活中，我们可以了解到电磁脉冲的影响。其实，强大的闪电就是一种电磁脉冲现象，在夏季，特别是在雷暴多发地，一般主张在雷暴天气拔掉家用电器的电源插头，以防雷击。

氢弹爆炸时，早期核辐射中的 α 射线会与周围介质中的分子、原子相互作用，激发并产生高速运动的电子（康普顿效应），大量高速运动的电子形成很强的电场。在爆心几千米范围内电场强度可达到每米几千伏到几万伏，并以光速

▲ 核电磁脉冲武器作用范围

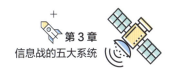

向四周传播。它的作用范围随着爆高的增加而扩大。若在美国上空 100（400）千米爆炸 100 万吨氢弹，杀伤面积 1200（2200）平方千米；若在美国上空 4000 千米连续引爆 3 枚千万吨级氢弹，整个北美的电力和电子网络系统将完全被破坏。

实际上，电磁脉冲武器早在 20 世纪就已诞生。在电子装备逐步主宰战场的当下，它凭借着"不损一砖一瓦，不伤一兵一卒，能制敌于无形"的神奇威力，逐渐成为改变战争规则的新武器之一。但这恰是倚重电子技术的美国人所担心的，因为他们最怕这种优势被别国打破。

电磁炸弹的工作原理，可以简单地说明如下：首先运用电源供应器将电池能量充入同轴电容器内，以产生高压。再将这一高压瞬间与流量产生器内的螺旋状导线导通，并且在导通电流最大时的瞬间，起爆在螺旋状导线内的炸药，以压缩磁通量的方式提升螺旋状导线上的电流。接着将此电流导入虚阴极管，以谐振方式产生高频电波，最后由微波天线对着指定方向发射出电磁脉冲波。电磁炸弹的作战影响范围，约在数百米之间。所以说，高空核爆炸电磁脉冲是

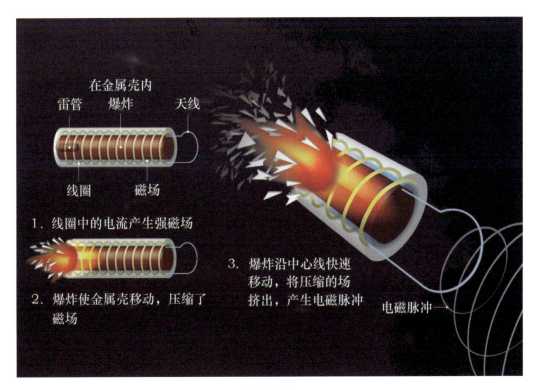

▲ 电磁脉冲弹原理

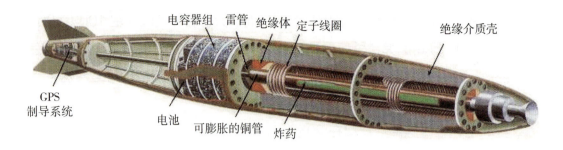

电容器组　雷管　绝缘体　定子线圈　　　　　绝缘介质壳

GPS
制导系统

电池　　可膨胀的铜管　炸药

▲ 电磁脉冲弹结构

一种战略性电磁脉冲武器。

1991 年海湾战争期间，美军在 E-8"联合星"预警机携带和使用电磁脉冲武器。美国的小型化电磁干扰机，可被常规兵器投掷到敌方，不仅可损伤敌方指挥控制系统，而且直接影响精确制导武器和信息化单兵的作战效能。

1992 年 7 月，美国国会总审计局向众议院军事委员会提交《国防基础技术、军用特殊技术依赖外国带来的风险》报告，提出未来先进武器最关键的 6 项技术，其中包括高功率微波武器。美国海、陆、空三军还分别制订了高功率微波武器发展计划。

1993 年，美国进行了代号为"竖琴"的电磁脉冲武器实验，天线群向电离层发射电磁脉冲，阻断通信和摧毁来袭导弹。

1996 年，美国一个国家实验室研制出手提箱大小的高能电磁脉冲武器和可装备在巡航导弹上的电磁脉冲武器，其有效作战半径达 10 千米。

1998 年，俄罗斯发明了重 8 千克的小型强电流电子加速器，爆炸时发出 X 射线、高功率微波，可破坏电子设备。

1999 年 3 月，美国在对南联盟的轰炸中，使用了尚在试验中的微波武器，造成南联盟部分地区通信设施瘫痪 3 个多小时。

伊拉克战争中，美军于 2003 年 3 月 26 日，用电磁脉冲弹空袭伊拉克国家电视台，造成其转播信号中断。

2012 年，美国波音公司试验了"反电子设备高功率微波先进导弹项目"。

除俄罗斯和美国外，英国、法国、德国、日本等国家，也都在进行高功率微波武器的开发。有国际军事专家分析认为，海湾战争中，伊拉克之所以被动挨打，重要原因是指挥控制系统和防空设施遭到破坏，丧失电磁环境控制权。

空中爆炸

电磁脉冲

地面

地下

▲ 电磁脉冲弹的作用范围

▲ 美国波音公司的电磁脉冲导弹

▲ 电磁脉冲弹攻击产生的后果

▲ 石墨炸弹

4 | 石墨炸弹

石墨炸弹又名软炸弹、断电炸弹，俗称"电力杀手"，因其不以杀伤敌方兵员为目的而得名。石墨炸弹是选用经过特殊处理的纯碳纤维丝制成，每根石墨纤维丝的直径相当小，仅有几千分之一厘米，可在高空中长时间漂浮。主要攻击对象是城市的电力输配系统，并致其瘫痪。

炸弹投掷后，炸成一团直径几百米的石墨丝，散落在目标地区，会引起变电站短路，导致变电站停电。海湾战争时，石墨炸弹在"沙漠风暴"行动中首次登场。当时，美国海军发射舰载战斧式巡航导弹，向伊拉克投掷石墨炸弹，攻击其供电设施，使伊拉克全国供电系统 85% 瘫痪。在以美国为首的北约对南联盟的空袭中，美国空军使用的石墨炸弹型号为 BLU-114/B，由 F-117A 隐形战斗机于 1999 年 5 月 2 日首次对南电网进行攻击，造成南联盟全国 70% 的地区断电。

▶ 电子防护

电子防护的基本任务是保证己方的雷达、通信电台、导航等电子系统在对方实施电子干扰的情况下，仍能正常工作。为了做到这一点，人们对雷达等电子系统进行了不断的改进，提高这些设备在电子战环境中的性能，因此电子防护措施基本上不是一项单独的设备或技术，而是包含在电子系统自身之中，不能分开。例如，通信电台为了对抗侦听与干扰，广泛采用了跳频技术，不断快

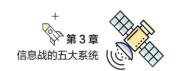

速变换电台使用的频率，使对方难以捕捉到信号。跳频技术就是一种通信电子防护技术，但它是附着在电台上的，不能单独构成一种设备。不过也有不少的例子说明，电子设备为了提高自身性能所做的改进，本来的目的不是专门为了抗干扰，却具有了良好的抗干扰作用。

现在，电子防护包括了反电子侦察、反电子干扰和对反辐射导弹的防护。

（1）反电子侦察是防止己方电子设备的电磁辐射信号被敌方截获，或者即使被截获也难以从中获得有关情报，使敌方无法实施有效的干扰和摧毁。通常采取的措施有：在不影响完成任务的前提下，尽量减少电子设备开机的数量、次数和时间，使电子设备在低功率状态下工作，控制辐射方向，设置隐蔽频率，必要时实施无线电静默；在假阵地上设置简易辐射源，发射欺骗信号；采取良好的信号保密措施，使用信号不易被敌方截获、识别的新体制电子设备；无规律地改变呼号，转移阵地；及时掌握敌方电子侦察卫星（或飞机、船）的活动情况，并采取相应的反侦察措施等。反电子侦察是一项经常性的电子防御措施，通常应与其他反侦察手段结合运用。

（2）反电子干扰简称"反干扰"，就是设法消除或削弱敌方电子干扰对己方电子设备的有害影响，其措施可分技术和战术两大类。反干扰的技术措施主要是提高电子设备本身的抗干扰能力。它是利用有用信号和干扰信号在载频、

▲ 对机载平台保护装置

1. 态势感知：探测和避免危险
发射器定位器扫描环境以表征威胁情景
使用这种情报，飞行员可以潜入战场而不被发现

2. 抑制：目标获取的关键
随着任务的进展，发射器定位器识别出附近或意外的威胁
干扰机阻止敌人雷达发现和获取目标

3. 中断：防止目标跟踪
干扰机用角度和距离欺骗干扰跟踪雷达
破除锁定和减少射击机会的技术

4. 结局：迷人的威胁
降低导弹制导效能的电子对抗
释放箔条，消耗诱饵对策

▲ 大型飞机自防护措施

方向、时间、波形、极化、多普勒效应等方面的差别，从干扰中检测出有用信号。主要措施有：采用新的频段，快速随机地跳变频率或者同时使用几个频率工作。跳频是数字扩频技术的一种形式，源于军事抗干扰技术，以减少干扰并扩展通信范围为目的。跳频需要快速、无缝地改变通信中断无线电频率并保持终端同步。反干扰的技术措施针对性很强，往往一种措施只对某一种干扰有效。因此，电子设备通常采用多种反干扰技术来减轻各种干扰的影响。但是，在复杂多变的电子干扰环境中，一部电子设备的反干扰能力总是有限的，这就需要在反干扰技术措施的基础上，采取一些战术措施来保障作战任务的完成。

（3）防护反辐射导弹的主要措施有：发射诱饵信号，远置发射天线，诱导反辐射导弹；控制辐射，多站交替工作，使反辐射导弹难以找到目标；采用双基地技术，使用光电探测和跟踪手段等，对反辐射导弹进行防护。

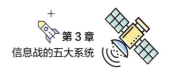

▶ 电子战支援

电子战支援是指利用各类装备与手段，对电磁波信号进行分类、辨别、定位与分析等工作。常见的任务包括对各种雷达的区分、辨识与方位标定。电子战支援是为电子攻击、电子防护、武器规避、目标瞄准或其他兵力战术部署快速决策提供近实时威胁识别而采取的行动。主要包括对辐射源的截获、识别、分析和定位。电子战支援本质上是对电磁频谱的感知。电子战支援数据可用于产生信号情报，信号情报是一个总称，包括通信情报、电子情报以及量度与特征情报系统。美国国防部将它们定义如下：

（1）通信情报：是一种信号情报的子类别，它涉及处理从截获外国通信中获得的消息或语音信息。由于通信一般会加密，因此通信情报需要密码分析技术与通信量分析技术。

（2）电子情报：是指利用电子传感器进行情报收集。它的主要焦点在于非通信信号情报。所收集的数据通常与敌方防御网络的电子设备有关，特别是雷达、地对空导弹系统、飞机等电子部件。

▲ 各种形式的情报收集系统

▲ 美军的电子支援

▲ 设在英国的用于收集电子情报的雷达站

（3）量度与特征情报：由特殊的技术传感器提供的数据进行定量和定性分析而获得的科技情报，其用途是识别与目标源和发射器有关的任何特征。

卫星拍摄或者航空摄影等手段获得的图像情报，包括可见光、红外成像、紫外成像、合成孔径雷达或活动目标指示器成像等，一般不算作信号情报。

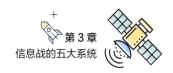

1 | 电子侦察

电子侦察是电子战的重要组成部分之一，它是作战一方利用专用的电子侦察设备，对敌方的雷达、无线电通信设备、导航设备、武器制导系统、电子干扰系统，以及光电设备等发出的无线电信号，进行搜索截获、识别、定位和分析，确定这些设备或系统的类型、用途、工作规律、所在位置及其各种技术参数。为己方部队实施电子报警、电子干扰和其他军事行动提供依据。随着电子技术的发展，电子侦察的内涵与外延也在发生变化，除了对相关技术参数的获取之外，对于承载在各种信号上的信息的提取、分析、解译与利用也逐渐成为电子侦察任务的重要组成部分。

航天电子侦察是电子侦察的一个子类，是以天基平台（包括卫星、空间站、载人飞船等，但主要指卫星）搭载的电子侦察设备为基础实施的侦察活动，是电子侦察从陆、海、空作战平台向航天领域的必然扩展。具体来说，航天电子侦察是利用天基平台上的电子侦察设备对陆、海、空平台难以截获的雷达、通信和武器系统等辐射源目标所辐射的电磁信号进行侦察，获取侦察情报和打击效果评估，为电子战提供情报支援，主要包括信号普查、信号特征参数测量、信号承载的信息内容提取、辐射源定位和对地面目标监视等。

20 世纪 50 年代，美国陆军和空军在苏联、中国及其他社会主义国家周围，如联邦德国、日本、韩国、土耳其、伊朗以及北非的一些国家建立了许多永久性电子侦察站，作为空中侦察的补充，随时监视从各社会主义国家发射的电子信号。最著名的有建在联邦德国奥格斯堡的"象笼"式信号情报侦察站、设在朝鲜南北分界线韩国一侧的"冒险者"电子情报收集站和设在日本最北端宗谷角的电子情报侦察站等。

所用的电子侦察设备有专用地面监听站或监听车、电子侦察飞机、电子侦察船、电子侦察卫星，以及作战飞机和舰船装载或投放的侦察告警设备。

根据任务和用途的不同，电子侦察通常分为预先侦察和现场侦察两类。预先侦察属于战略性侦察，是和平时期进行的长期或定期侦察行动，以获取敌方电子设备和系统的全面情报，为制订电子战计划、发展电子战装备提供依据，并为现场侦察提供情报；现场侦察属于战术性侦察，是在战役、战斗前夕及过程中，对战场电磁环境进行实时侦察、分析和识别，主要目的是以引导干扰机

实施干扰，及时向己方部队和补给系统发出警报，以采取机动规避行动，为摧毁敌方电磁辐射源提供目标位置信息，为采取电磁反对抗措施提供干扰源的辐射特性，以及为部队的其他战斗行动提供情报支援等。电子侦察对于国家安全和防止敌人突然袭击具有重要的地位和作用。不论是在和平时期还是战争时期，电子侦察都在紧张地严密监视敌方的军事部署和军队调动情况，以及军事行动企图等。这样就能够及早发现敌情，做好战争预报和作战准备，防止敌人的突然袭击和入侵。

电子侦察还可以用来检测国家防空系统的雷达站部署是否合理，雷达网是否严密、可靠。

电子侦察装备本身不辐射电子能量，只是截获与分析敌方的电子辐射与有价值的信号情报。因此要求电子侦察装备作用距离远、频谱覆盖范围广、获取信息量大，并且及时、准确。自身必须隐蔽、保密，战时和平时都能不间断地使用。

在现代战争电磁信号密集而复杂的环境中，电子侦察所要完成的信息处理量和难度日益加大，因此，大多数电子侦察装备都采用计算机技术来实现操作自动化，将不同平台、不同种类、不同功能和用途的电子侦察设备，有机地组成电子侦察网，甚至形成全方位、多层次、多渠道和多手段的电子侦察体系，已成为适应未来高技术战争体系对抗需要的一种必然发展趋势。

2 │ 电子支援

电子支援收集情报靠的是被动地"听"感兴趣的军事电磁辐射，可以提供敌军系统初始的探测或知识、敌军系统技术与运作数据的图书馆。

电子支援收集平台可以保持电寂静，在收集和分析雷达发射信息时在雷达探测距离之外，因为发射的信号相对于反射的信号具有大的功率。

电磁监视和收集设备满足以下要求：宽的谱或带宽，因为所要收集的频率事先是不知道的；宽的动力范围，因为信号强度初始是未知的；窄带通，以便从接近频率的其他感兴趣的电磁辐射中辨别信号；信号到达角测量，以便确定发射机的位置。

电子支援所使用的主要设备包括电子侦察卫星和空中预警机。电子侦察卫星是用于侦察、截收敌方雷达、通信和武器遥测系统所发出的电磁信号，并测

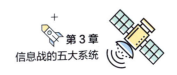

定信号源位置的侦察卫星。美国电子侦察卫星的性能一直位于世界的前列。

　　自 1962 年 5 月发射世界上第一颗电子侦察卫星以来，美国至今已发展了 4 代这种卫星。第一代为低轨道卫星，第二～四代主要为地球静止轨道和大椭圆轨道卫星。冷战结束后，随着世界政治格局的变化和卫星技术的进步，早期发展的第二代"峡谷""流纹岩""弹射座椅"，以及第三代"漩涡""大酒瓶"等电子侦察卫星，已先后停止发射并陆续退役——虽然有些卫星（如"大酒瓶"）仍然发挥着重要作用。目前，美国主要使用第四代电子侦察卫星，包括"水星""顾问""命运三女神"和"号角"等。

　　"水星"是美国空军的静止轨道电子侦察卫星，主要用于截获通信情报。它不但能侦听到低功率手机的通信信号，还可以收集导弹试验时的遥测、遥控信号，以及雷达信号等通信电子信号。该星由休斯公司承造，采用长约 100 米的新型特种天线。

　　"顾问"卫星是美国中央情报局的地球静止轨道电子侦察卫星，用于截获电子情报。电子侦察卫星现正从低高度向高高度和地球静止轨道发展，这得益于星上侦收机灵敏度的提高。该卫星采用大型接收天线，可接收的最小地面信号的强度是低轨道卫星的 1/5000。在常年值守的电子侦察装备中，静止轨道电子侦察卫星有较多的优势：卫星轨道越高，地面覆盖面就越宽，时效性也越好。所以，美国很重视发展这类卫星。

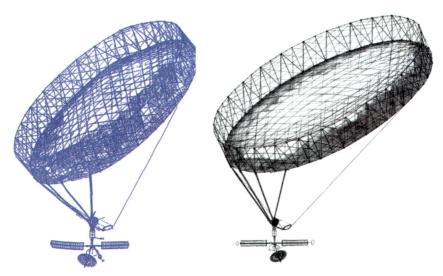

▲ 美国的"水星"电子侦察卫星

电子侦察卫星现正日益受到各军事大国的青睐，但也存在不少问题。例如，它无法有效侦听到地下有线通信的信号、情报处理速度较慢、易受电子对抗措施的影响等。为此，美军正在加紧研制第五代新型电子侦察卫星，并取得了突破性进展。

第五代电子侦察卫星"入侵者"（Intruder）是美国"集成化过顶信号侦察体系"（IOSA）的组成部分，是利用天基网的发展思路和新的设计理念研制的，目的是提高电子侦察质量，降低系统成本。它具有多轨道能力，可代替当今静止轨道和大椭圆轨道的卫星并集通信情报和电子侦察于一身。

美国还在研制具有一定隐身特征的"徘徊者"（Prowler）静止轨道电子侦察卫星和"奥林匹亚"（SB-WASS）低轨道电子侦察卫星。前者用于侦察、定位战略目标，后者用于海军、安全局等部门的电子侦察一体化计划。

高轨道电子侦察卫星一般采用大孔径天线的形式，由于侦察距离远，采用超大型天线是高轨道电子侦察卫星接收微弱信号的基础和前提。以美国为例，"漩涡卫星"天线的尺寸为 38.4 米，

▲ "大酒瓶"卫星

"大酒瓶"卫星天线的尺寸为 100 米，"水星"卫星天线的尺寸为 100 米。

预警机（Air Early Warning，AEW）是为了克服雷达受到地球曲度限制的低高度目标搜索距离，同时减少地形的干扰，将整套雷达系统放置在飞机上，自空中搜索各类空中、海上或者是陆上目标。借由飞行高度，提供较佳的预警与搜索效果，延长容许反应的时间与弹性。

E-3 望楼式（又译为哨兵式）预警机是波音公司生产的全天候空中预警机，主要提供管制、控制、通信、侦搜等功能。美国、英国、沙特阿拉伯、法国等

▲ 北约的 E-3 和 F-16 预警机

国家都有使用。

　　为让 E-3C 机队仍能符合在现代战争环境下的需要，美军与波音公司于
2011 年开始改装、测试 E-3 Block 40/45 机型。Block 40/45 是 E-3C 近
30 年来最大规模的更新改良计划，该计划将全面更新机上的任务计算机系统、
人机界面以及软件。E-3C Block 40/45 将能自动化整合机上与机外之情报，
以掌控监视区域中的全面动态。

▶ 美国未来的电子战战略

　　2018 年 1 月，美国国防部正式发布新版《电子战战略》。《电子战战略》
由美国国防部电子战执行委员会拟定，经参联会和各军种评审后提交国防部长
签署发布。

《电子战战略》指出，美国电子战的发展远景是通过敏捷、自适应和综合的电子战，在各种军事行动中进攻性地夺取电磁频谱优势，发展目标包括：（1）构建电子战体系以确保电磁频谱优势；（2）为21世纪的电子战和电磁频谱作战进行训练和教育；（3）为部队提供敏捷、自适应和综合的电子战能力；（4）加强与工业界、学术界、政府机构和联盟的伙伴关系。

主要内容如下：

（1）两种实现方式。提出通过两种方式重建美国的电子战能力：一种是利用开放式体系架构升级现有的电子战技术，通常是对当前硬件进行软件升级；另一种则强调探索广泛的新兴技术，例如使用更多的信号情报平台、定向天线以及同时使用更多频谱。为此，该战略要求将新型电子战技术集成至陆军、海军和空军新兴的电子战武器。此项工作包括研制新一代电子战系统，如海军的"下一代干扰机"、陆军车载电子战系统以及将新型电子战系统集成至空军的F-15战斗机。目前，工业部门也在利用现有的信号情报平台和技术来改进和精简电子战的关键要素。信号情报较传统干扰器而言是一种依赖更低功率或信号发射水平的解决方案，其中一种实现办法是尽量减弱进攻性和防御性电子战系统的电子信号。

（2）采用新兴电子战技术。美国国防部计划发展先进电子攻击能力、先进电子战保障能力、通过电子防护加强硬杀伤能力，以及发展电磁战斗管理系统，对战场空间的众多电子战资产进行管理。

（3）成本加强策略。该战略还评估了加强跨地理边界辐射能量技术，以用于提高美军武器平台和联合部队的作战能力。该概念旨在利用成本较低的电磁武器摧毁、拦截或干扰来袭导弹、无人机或飞机，其成本远低于发射拦截弹的成本，同时可使敌方付出更多代价。

新战略有助于指导和管理陆军、海军与空军目前开展的下一代电子战系统研发活动。

（1）空军F-15电子战能力升级，以更好地防护敌人的火力和电子攻击。波音公司获得了一份4.78亿美元的合同，继续研发"鹰式被动／主动预警生存能力系统"新技术。这些升级的电子战能力将取代自20世纪80年代以来使用的"战术电子战套装"。按照美空军的计划，F-15战斗机将服役至21世纪40

▲ 有源电扫描阵列雷达

年代中期，因此"鹰式"电子战系统有助于保持美国的空中优势。空军官员表示，F-15C 有源电扫描阵列雷达的各项升级活动最早在 2021 年完成，此外，F-35"联合攻击战斗机"也将继承有源电扫描阵列雷达。

（2）美国海军"下一代干扰机"。海军正在开发一种更强大的新型高科技电子战干扰技术，名为"下一代干扰机"，旨在使战斗机摧毁敌方目标，而不会被现代地空导弹防御系统探测到。下一代干扰机与现有的电子战系统不同，它可以一次干扰多个频率，增加了攻击的范围并提高了效率。下一代干扰机投入作战后将取代"咆哮者"电子战飞机目前装备的 LQ 99 电子战干扰机。

（3）美国陆军采用"开放式体系结构"升级电子战能力，使其在出现新技术时得到有效的升级。例如，雷神 3 是一种士兵便携式反射频控制的简易爆炸装置干扰设备，旨在为下车部队提供保护。该设备配置有安装在背包式结构上的收发器，可识别并干扰在一定频率范围内工作的射频信号。此外，GATOR V2 改装监控塔配有发射和接收天线，可用于甄别、探测和干扰电子信号，并且可以使用软件、数字映射技术和计算机算法对战场空间电子信号的来源或位置进行定位。

雷神 3 是由内华达公司制造的便携式、反无线电控制的简易爆炸装置，由美国陆军、美国海军陆战队和阿富汗国家陆军士兵在阿富汗服役使用。内华达公司于 2007 年 12 月获得了最初的合同。这个系统使用三个安装在背包上的收发器来干扰无线电控制的简易爆炸装置，这三种不同的收发器都有不同的频率带宽（低、中、高）。

▲ 由 EA-18G 携带的下一代干扰机

▶ 俄罗斯的电子战能力

俄罗斯总统普京于 2006 年 5 月 31 日颁布法令，确定每年的 4 月 15 日为俄罗斯联邦武装部队庆祝"电子战专家日"。

在 2008 年进行的俄罗斯武装部队重大改革的过程中，形成了垂直综合电子战系统，由俄罗斯武装部队电子战部首席执行官进行总控制。地面和空中部队和电子战分部队是俄罗斯联邦武装特种部队的一部分。在地面部队中，所有四个军区都形成了四营组成的单独的电子战旅。

俄罗斯典型的电子战系统如下：

1 ｜ 名扬四海的陆上"三叉戟"

如果说叙利亚战争让"苏氏四剑客"（苏 -24、苏 -25、苏 -34、苏 -CM 四种战斗机）名声大噪，那么由"克拉苏哈"系列电子战系统、"摩尔曼斯克 -BN"通信压制站和"汽车场"综合电子战系统组成的俄军陆基电子战系统"三叉戟"早已名扬四海。

"克拉苏哈"系列新型电子对抗和侦察系统，由俄罗斯无线电电子技术康采恩集团公司旗下的梯度科研所研制。2005 年，该研究所推出"克拉苏哈 -2"。它是一种车载高功率微波系统，设计用于干扰美国 E-3 预警机和其他使用 S 波段的侦察系统，但由于其研制时的出发点是为了重点压制空基观测雷达，因此用途相对狭窄，只能对抗空中目标。

针对 2 型的问题，梯度科研所 2013 年推出"克拉苏哈 -4"。"克拉苏哈 -4"是一种陆基电子压制和防护系统，可压制间谍卫星、地面雷达、预警机、无人机等空、天、地基探测系统。作为广谱强噪声干扰平台，它能够对抗美国 E-8C 类预警机、"捕食者"无人侦察攻击机、"全球

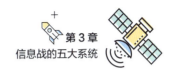

"鹰"无人战略侦察机，以及"长曲棍球"系列侦察卫星。目前俄军已经装备了"克拉苏哈-4"电子战系统。

据报道，俄军已经把"克拉苏哈-4"部署到了叙利亚境内，它不仅能够监控北约飞机在叙利亚上空的飞行，而且能识别飞机的型号，通过获取的情报，能够知道其使用的频率和信号特征，如S波段的"长曲棍球"卫星和预警机，X波段的"哨兵"侦察机以及J波段的无人机等。此外，俄罗斯一直在跟踪"长曲棍球""玛瑙"卫星的位置。有了具体情报细节，"克拉苏哈-4"系统可以通过编程来阻止或破坏北约的情报收集活动。

新型"克拉苏哈"是"超级武器"。另据俄罗斯媒体披露，俄罗斯正在研发一种更先进的"克拉苏哈"电子战系统，该新系统覆盖范围可达数百平方千米，

▼ "克拉苏哈"电子战系统

▲ "摩尔曼斯克 –BN"电子战系统

可以有效提高空天防御效率，还可以对任何类型的雷达侦察系统和
舰载飞机等武器装备实施电子干扰。英国媒体把这个新系统称为俄
军未来的"超级武器"。

外界猜测，这一"超级武器"具备不同寻常的性能亮点：一是
新系统能够对敌方的精确制导武器实施干扰，使得对方的打击效
果，特别是对己方的攻击效果尽可能地衰减到最大限度；二是压制
对方的 GPS 制导导弹；三是扩大搭载范围。以前的"克拉苏哈"
系统仅限于陆基平台搭载，而新系统可搭载空中平台或大型舰船，
作为舰船的自卫式的电子干扰系统来使用。此外新系统的操作方式
大大简化，只需要一个人，就可以同时完成多项操作任务。

由此看来，俄军的"电子盔甲"越来越厚，新型"克拉苏哈"
等电子战系统的成功研发和使用，将有效对抗未来可能的空中打击
行动。

相比"克拉苏哈"系统的频频亮相，"摩尔曼斯克 –BN"通信
压制站则始终犹抱琵琶半遮面，甚至在公开报道中找不到其踪影。
至今仍然神秘无比的"摩尔曼斯克 –BN"电子战系统，有限的资
料显示其由四个高大的长鞭天线组成，可干扰 5000 千米内的 20
个频率目标。

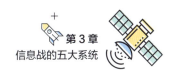

此外，还有一种电子对抗系统因俄罗斯媒体的宣传备受瞩目，俄媒赞其为能干扰瘫痪任何无人机的"超级武器"，这便是"汽车场"综合电子战系统。"汽车场"电子对抗系统主要用于保护地面目标和小型目标免遭敌机轰炸或导弹进攻，而且能同时压制来自任意方向、飞行高度在 30 米到 3 万米之间的 50 架飞机和直升机的侧视雷达、引导雷达、低空飞行保障雷达及空对地火控雷达。一套完整的"汽车场"包括：1 个营自动化指挥所、3 个连自动化指挥所、3 个无线电技术侦察站、27 个干扰站及 1 个检测维修站。2011 年，伊朗就是用这

▼ "汽车场"电子对抗系统

款系统成功俘获了美军 RQ-170"哨兵"隐形无人机。

2 │ 九天之下织电网

前线作战，寻觅目标是一切的前提。而这正是电子战大展神威的舞台。俄罗斯的"莫斯科-1"电子战系统主要用于执行无线电技术侦察任务。该系统包括一个侦察站和一个指挥所，可向电子战系统提供目标指示，并可充当电子战营连一级的战术指挥所。这就好比在天空之中织就一张无形巨网，坐镇其中，敌方信号的一举一动尽收眼底。此外，"莫斯科-1"电子战系统的侦察站还可探测和分类无线电信号，并精确判断信号的来源方向和功率等信息，之后通过指挥所自动向电子战网络系统传递战场数据。换句话说，有了"莫斯科-1"电子战系统，俄军可以在 400 千米范围内识别该空域内的飞机或巡航导弹，并对其型号、威胁程度进行确认。但是，一旦己方电子战系统落入敌方眼底，那么岂不是陷入险境了吗？别担心，由于自身采用无源雷达机制工作，"莫斯科-1"电子战系统能在不被敌人察觉的情况下迅速查明战场电磁情况，并对敌方的兵力和装备开展突然性的电子毁伤，就好比枪手决斗，出枪快慢总能决定存亡。此外，"星座"康采恩研制的 RB-531B"水底生物"系统也可执行战场无线电通信压制任务，R-330Zh"居民"卫星导航无线电干扰机也应用于部队。不同

▲ "莫斯科-1"电子战系统

的是，"居民"不注重对敌方无线电磁装置的直接侦察，而是将电磁压制的矛头对准了卫星通信信号。有了它，俄军就可对 GPS 信号进行有效干扰和压制。最后，俄军还有一种"黑科技"装备在俄国防部所属电子战分队，它就是由俄电子战科研中心设计的 R-340RP 电子战产品。只要将这种小型干扰发射机直接安装在民用无线通信塔上，就可以通过天线放大进行工作。

3 | 不甘落后的空基电子战系统

俄陆基电子战系统群星闪耀，空基电子战系统也不甘示弱。其武器库不乏号称驱逐舰噩梦的"希比内"、能折断"针式"导弹而保护飞行器的"总统 –S"等实用系统。据统计，俄罗斯空天军具有最强悍的电子战实力，并且目前正在积极研制空基电子战系统。"总统 –S"是一种光学电子抑制装置，可以在导弹袭击中保护飞机免受破坏。在测试期间，导弹从 1000 米外发射，没有一个到达目标飞机。由"总统 –S"的复杂系统造成的电子干扰使得每一枚导弹都偏离了预定目标。

大多数人认识"希比内"是在 2014 年。当年 4 月，俄罗斯用装载的"希比内"电子对抗系统，将美国部署在黑海拥有最现代化"宙斯盾"系统的"唐纳德·库克"号驱逐舰置于瘫痪状态。当时美国驱逐舰"宙斯盾"作战系统的关键部分，包括雷达和数据传输网络，都无法正常工作。然而，早在 2008 年俄格冲突中"希比内"就崭露头角，当时装备了"希比内"电子战系统的"苏 –34"战机成功完成攻击机编队防护和无线电技术侦察等任务，受到好评。

从 20 世纪 80 年代开始，俄罗斯卡卢加无线电技术科学研究所就开始了"希比内"机载电子战系统的研制工作。这是一种相对不大的鱼雷状容器，安装在飞机的机翼末端，使其免受所有现代化防空工具和敌方战机的攻击。该系统通过装备复杂多通道天线阵列，可实施强噪声干扰和模拟干扰，并对一定区域开展无线电技术侦察。安装在苏 –34 战斗机上的"希比内"系统不仅可与前线轰炸机的机载电子设备进行信息交流，更可以将战场电磁态势直接传送至领航员的信息终端。作为俄军目前最先进的空基电子战系统，在机组人员发出遭受导弹攻击预警后，"希比内"系统将启动并用"雷达保护罩"覆盖飞机。在保护罩的作用下，导弹无法击中飞机，而是向旁边飞走。"希比内"系统能使飞机的战斗存活率提高 25~30 倍。基于其卓越的性能，预计将来俄军所有先进战机

▲ "苏-34"战机安装了"希比内"系统

都将装载该系统。

　　"总统-S"系统是光电压制工具，能保护任何飞行器不受装有热传感自动制导头（对飞机和直升机发动机的热量产生感应）的便携式防空导弹的攻击。在一次实验中，用"针式"导弹向固定在专门塔台上的米-9直升机进行射击，并且射击距离只有1000米，但最终没有一枚导弹命中目标，全部偏离直升机并自毁。由于系统发出的电子干扰，导弹的制导系统全部失去了准星。"维捷布斯克"电子防护系统广泛装备于安-72等运输机及直升机。凭借对敌红外制导导弹的"致盲"作用，该系统犹如隐形防线，使空中战场的威胁降到最低。此

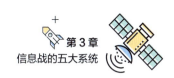

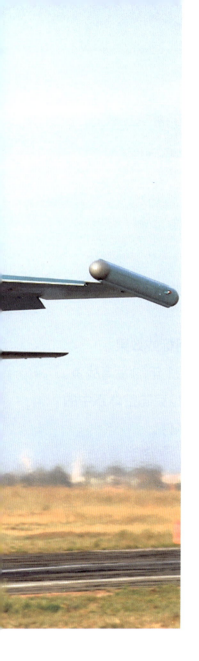

外，俄还将在 T-50 第五代战斗机上配装"喜马拉雅"电子战系统。该系统由卡鲁加无线电科技公司研发，主要通过天线与机翼、机身融合，实现智能蒙皮，从而有效减小电子战系统体积，提高飞机的抗干扰能力和战场生存能力。这种群体防护性电子战设备，最大限度地将战机排除于敌防空火力之外。

除了为有人机研发电子战系统外，俄罗斯还积极为无人机研制相应系统，力争实现电子战系统的空中全覆盖。"索具-3"无线电通信压制系统就灵活运用了无人机装备，该系统包括一辆"虎"式汽车改进的无线电技术侦察车和多架"海雕-10"无人机，通过抛投干扰发射机模拟发射移动通信基站信号，对战场无线电信号和蜂窝通信进行有效压制。而目前已经列装俄空天军的"伊尔-22PP""伐木人"电子战飞机，装备了侧面天线和拖曳装置，可独立进行无线电技术侦察和电子侦察。该"伐木人"型系统可对敌方信道进行有效分析，并实施对特定方向和频率信号的针对性干扰，避免了"敌我不分"的境况，是美军"爱国者"、预警机，甚至北约无人机控制系统的天敌。

最后，俄罗斯海上作战舰只都具有一定的电子战能力。其舰载电子战系统主要包括 MP-403"边球"大功率雷达干扰机，以及 MP-404"甜酒桶"电子支援设备和 PK-2 干扰物投放系统。"莫斯科"巡洋舰具有直升机搭载能力，因而理论上可以使用 Mi-8MTPR-1 电子战直升机。该电子战直升机装备有新型的"杠杆-AV"电子战系统，能对抗"爱国者"和"霍克"等雷达制导地空导弹。

 # 网络战

▶ 什么是网络战？

狭义地讲，网络战是为干扰、破坏敌方网络信息系统，并保证己方网络信息系统正常运行而采取的一系列网络攻防行动。

广义上讲，网络战是指通过使用网络空间能力实现军事目标或效果。

首次把网络攻击手段引入战争中并发挥作用的，是 1991 年的海湾战争。美国特工在伊拉克新购买的打印机中嵌入病毒芯片，致使伊拉克防空体系中的预警与综合电子系统瘫痪，为美军顺利实施空袭创造了有利条件。

美国是世界上第一个提出网络战概念的国家。1993 年，美国兰德公司的阿尔奎拉和伦费尔特发表了题为"网络战要来了"的论文，第一次正式提出了网络战的概念，认为网络战是"为干扰、破坏敌方网络信息系统，并保证己方网络信息系统正常运行而采取的一系列网络攻防行动"，是"21 世纪的闪电战"。

2007 年，爱沙尼亚因为移动二战中阵亡苏军的纪念碑而引起俄罗斯强烈不满。从当年 4 月底开始，整个爱沙尼亚网络遭到了有组织的大规模攻击。爱沙尼亚政府不得已切断了与国际网络的连接，将该国隔离于全球网络之外，以至于许多媒体惊呼："一个国家消失了！"

该事件被认为是"军事史上第一场国家层面的网络战争"。

2008 年俄格冲突爆发前后，两国黑客在网上"大打出手"，最终以俄罗斯黑客的压倒性优势而告终。而从军事角度看，格鲁吉亚遭受的网络战是全球第一场与传统军事行动同步的网络攻击，不仅起到了心理上的恐吓和威慑作用，还对加速战争进程和打赢舆论战起到了积极的推动作用。

在信息网络技术高度发达的今天，网络战的含义又有了新的扩展：

（1）网络战的作战时空更加广阔。网络战不受时空条件限制，随时随地都有可能发生。网络覆盖的地方都在作战半径之中，所有的网络用户都可能成为作战目标。而且，网络战可以瞬间完成作战目标、方向、兵力、地域的改变，

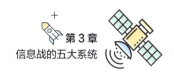

攻防界限难以划分，传统的前方、后方、前沿、纵深等概念变得模糊。也就是说，网络战可以通过国际互联网将作战区域扩展到世界上任何网络可以到达的地方。

（2）网络战的作战方式更加灵活。一般来讲，狭义网络战注重对网络系统的"硬摧毁"（即物理上的消灭）和"软杀伤"（即用黑客手段进行攻击和破坏）。广义网络战则更注重依托网络进行渗透或干扰破坏，从经济、文化等方面进行渗透和价值观输入，发布或扩散各种对竞争对手不利的信息或假情报等。

（3）与其他战争样式相比，网络战的作战手段也更加隐蔽。除了各种看起来高深莫测的网络攻击技术，例如病毒、蠕虫、木马、逻辑炸弹、拒绝服务攻击、信息篡改、电磁干扰以及端口扫描、网络监听等手段外，现代间谍窃密的一个典型方式就是"公开信息搜集"。美国情报机构的统计数据显示：在各国情报机构获得的情报中有 80% 左右来源于公开信息，其中又有近一半来自互联网。

（4）网络战不仅攻击软件，也能破坏硬件。2010 年 9 月 26 日，一种名为震网（Stuxnet）的蠕虫病毒大规模攻击伊朗网络系统，矛头直指布什尔核电站。由于该病毒结构异常复杂、隐蔽性超强，专家们普遍认为其应该是由国家层面研发的，并可能成为全球第一种投入实战的网络战武器。网络战，这种没有硝烟的战争再一次进入了人们的视野。

从广义上讲，信息技术的发展极大地拓展了网络战的平台和基础，网络战不再仅仅依附于传统的常规战争，已经拓展和波及所有与网络相关的事件和人员。网络战是国家或利益集团以国际计算机网

▲ 网络战

络为战场，以高科技手段为武器所进行的政治、经济、军事、科技、文化等方面的较量和斗争。

伴随着科学技术的不断发展，新的网络战攻防技术也应运而生。随着网络用户安全防护措施的不断加强，未来的网络攻防技术将具有更强的针对性、欺骗性和隐蔽性，并向更加智能化方向发展。不久的将来，病毒无线注入、病毒破坏、木马窃密和攻击效果反馈等网络攻击领域，以及网络入侵追踪、病毒检测与清除等网络防御等领域，都可能取得重大突破，并物化成大量网络战装备。

网络空间作战的主要方式有：网络情报战、网络空间攻击作战、网络空间防御作战等。

▶ 网络情报战

网络情报战的目的是足不出户地猎取有价值的各类情报，手段是传播病毒和利用黑客工具，主要途径是互联网。

知己知彼，百战不殆。所谓"知彼"即指"情报"。军事行动胜券在握的重要砝码便是情报准确。所以，搜集情报是军事行动的重要课题。开展一次军事行动，要先于行动数月甚至数年就要展开情报的搜集、整理、分析工作。

在没有网络的年代，情报搜集主要靠特工打入敌人内部进行骗取或是刺探。在如今的网络时代，情报特工的工作方式和工作环境发生了非常大的变化。首先是工作方式不再是打入敌人内部进行刺探，而是变成端坐在计算机前进行网络监控。只要你有足够的网络技术能力，做个黑客，通过网络监控搜集情报就能轻易得手。如今，每个人几乎都无法离开网络了，信息大都存在于计算机中或通过网络进行传递，这些信息都可能被情报局的技术特工非法获得。就算是不太懂网络技术的人，也可以做网络特工。大量信息会被存放于网络服务商的服务器中，服务器相当于一个情报"篮子"。如果服务商和情报局合作，把这个"篮子"直接递给情报局，那情报局想得到什么情报就会有什么情报。

既然情报特工们已经热衷于依靠网络搜集情报了，那么网络攻击就会成为一种常态，被情报部门雇佣的黑客们，时时刻刻都可能通过网络攻击获得情报。

黑客工具是由黑客或者恶意程序安装到目标计算机中，用来盗窃信息，让

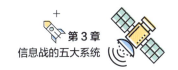

计算机死机或无法使用，引起系统故障和完全控制计算机的恶意软件程序。

什么是黑客呢？世界各国一个通俗的说法，把既懂网络技术又懂网络战术的人才称为"网络勇士"，也有一些人把它称为"黑客"。也有人以为黑客就是一些专门在网上捣蛋的人，实际上这是一个误区，黑客实质上是网络战或者网络技术里面的

▲ 计算机黑客

一些高手，在战争或者网络战中，它既是网络安全一种潜在的危险，同时也是网络攻击的一种武器，问题的关键就是看这些黑客掌握在谁的手里，他们为谁服务。

为了使美国在网络情报战中处于领先地位，美国的一个重要举措就是广泛招募黑客。

众所周知，目前还没有哪个国家的网络战部队组建早于美国、实力强于美国。"黑客帝国"的背后，是其庞大的网络战力量储备，尤其是人才储备。美军在其《网络安全教育战略计划》中将网络人才界定为信息技术安全系统设计人员，网络威胁事件识别、分析和处理人员，网络情报搜集人员等 7 个类型，并将遴选对象扩展至具有法学、心理学、情报学等学科背景的求职者。此外，美国国防部以签订商业合同的方式鼓励网络攻防技能出色的小企业和个人参与其短期项目。美国培养"网络战士"，可谓不遗余力。

从青少年开始抓起。按照美国前国防部长拉姆斯菲尔德于 2003 年签署的《信息战路线图》，美军网络人才选拔甚至可以向中小学拓展。以阿拉莫学院为例，仅 2012 年就招收了 300 多名高中生参加信息网络安全学位计划。2013 年 4 月 26 日至 5 月 6 日，美国举办了黑客在线比赛，6 至 12 年级的初中和高中生都能以个人或团体的名义参赛。主办方特别表明，参赛者不需要已经是

一个黑客，"我们会教你需要知道的东西"，学生可以学习"如何识别安全漏洞，并进行攻击"。大力发展"童子军""娃娃兵"，足见美国"倾举国人力、从娃娃抓起"发展"网络战士"的战略意图。

"招安"黑客为己所用。招安黑客、以黑制黑，是五角大楼惯用的招数。美军经常组织黑客大会，并使出浑身解数让黑客高手们相信，为美军效力是他们最好的选择。据美国媒体报道，美国联邦政府官员从 1992 年起就开始参加在拉斯维加斯召开的黑客大会。美国情报机构曾与卡内基梅隆大学联手举办高中黑客大赛，以物色和培养新一代"网络战士"。在一次黑客大会上，美国国防部官员曾公开向黑客发出邀请："如果你想致力于攻克最前沿的信息难题，请加入我们当中来。"

利用院校专业培养。美军非常重视通过院校培养"网络战士"，规定"网络战士"上岗前须像飞行员那样经受严格的训练和考核。早在 20 世纪 90 年代初，美国就把信息战列为军事教育与训练的重点。美国国防大学为此专门设立信息资源管理学院，培养学员网络攻击技能。1995 年，首批 16 名"网络战士"正式从该校毕业并进入现役部队。自 2012 年起，美国成立卓越学术研究中心，将网络人才资助规模从 2009 年的 50 所扩大到全美 145 所高校。美国塔尔萨大学设立的网络军团项目训练学生如何当一名黑客，课程内容包括编写病毒程序、破解网络密码、攻击网站、恢复数据等，学生毕业后 85% 进入美军相关机构工作。

早在 2002 年，美军就组建了世界上第一支网络黑客部队，网络战联合功能构成司令部。这支部队由世界顶级计算机专家和黑客组成，所有成员的智商都在 140 以上，因此被戏称为"140 部队"。

以演练"投资"未来战场。近年来，美国举办了众多网络攻防对抗演习。据美国媒体报道，美国国土安全部与多个国家合作，已连续多年举行代号为"网络风暴"的计算机网络攻击演习。而名为"军事院校赛博专家"的竞赛，则于 2004 年 1 月在匹兹堡拉开序幕，共有来自美国军事院校的 50 多名学员参加。美军认为，组织网络模拟对抗演习，既能锻炼现有网络人才队伍，又能在全球范围内发掘网络精英作为人才储备。美国把这些网络攻防演练当作一种未来投资，他们期待着新一代"网络战士"在具有实战味道的演练中孕育和成长，

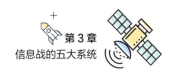

最终投身于网络战场。

信息战的中枢是控制各种武器的计算机，若能让敌军的计算机系统瘫痪，就等于打断了敌人神经，继而百战百胜。计算机病毒就是这样一种看不见、摸不着，在几秒甚至几微秒内就能使敌军的计算机系统处于瘫痪状态的高级软杀伤武器。

所谓计算机病毒，实际是指能够侵入计算机系统并给计算机带来破坏的一种具有自我繁殖能力的有害程序，它能通过磁盘或计算机网络等媒介进行传染，破坏计算机的正常运行。这种传染就像生物病毒传染一样，具有一定的隐蔽性和破坏性，并具有一定的潜伏性，使人们不易觉察，等到条件成熟（如特定的时间或特定的环境或配置），病毒便发作，从而给整个计算机系统或网络造成紊乱甚至瘫痪。

病毒若想摧毁敌方的计算机系统，必须先夺取敌方计算机的控制权，当用户运行一个带病毒的可执行文件时，首先执行的是病毒程序，而不是原程序本身。病毒程序在执行过程中，如果驻留内存，则它首先要修改中断向量，使这个中断向量指向病毒，以便及时获得控制权。如果不驻留内存，则它将寻找感染对象并感染之。

由此可见，计算机病毒战的条件和理论已经成熟，一旦病毒获得计算机控制权，那么计算机便成了案板上的肉——任人宰割了，病毒的传播和发作也变得轻而易举。美军从 1987 年开始研制计算机病毒武器。1990 年 5 月，美军方曾出资 55 万美元招标，研制干扰和摧毁敌方电子系统的计算机病毒，并耗资 1.5 亿美元成功地研制出计算机芯片的"病毒固化"技术。美专家预言：除了病毒在军事上的应用外，单用病毒扰乱美国银行的计算机网络，1 秒就能盗走 1500 亿美元，这必将使美国经济崩溃，失去了经济的支持，美军的任何军事行动都将成为"没有油的坦克"，变成"废铁一堆"。

计算机病毒有如下特点：

（1）传染性：一旦病毒被复制或产生变种，其传播速度之快令人难以预防。

（2）潜伏性：计算机病毒一般具有一段时间的潜伏期。

（3）隐蔽性：有的可以通过病毒软件检查出来，有的根本就查不出来，有的时隐时现、变化无常。

（4）破坏性：使整个系统瘫痪，无法修复。

（5）可触发性：有些病毒具有预定的触发条件，这些条件可能是时间、日期、文件类型或某些特定数据等。

实施病毒战的关键一点，就是寻找计算机病毒施放的最佳途径。只要让敌方计算机感染这些经过特殊设计的病毒，那么敌方的计算机必然瘫痪，敌方的高技术武器就会失去战斗力。目前采用的施毒途径有五种：

（1）利用电磁波。将计算机病毒调制到电子设备发射的电磁波中去，从而把病毒注入敌方无线电接收设备，在电磁系统中扩散。

（2）利用有线线路传播。通过有线线路开口或直接将病毒注入线路，使其扩散到计算机系统。

（3）派遣特工直接放毒。将带病毒的计算机程序通过特工人员直接拷贝到敌方计算机系统中去。

（4）利用微波传输。利用微波技术将病毒传到敌军的计算机系统中。

（5）利用军用或民用设备传播。将病毒事先注入军用或民用设备内，这样病毒就潜伏在设备内，利用本国或友邦国将有病毒的设备出售给敌对或潜在敌对的国家或地区，等到战时，即可遥控激活这些病毒，让敌对国计算机系统突然瘫痪。据有关材料报道，美国在向第三世界国家或它认为将来有可能成为美国敌对国的国家出售的高技术武器中，可能就含有病毒。当这些国家与美国"友好"时，这些武器就可以为购买国服务；当这些国家成为美国的死敌时，美国便激活这些病毒使这些高技术武器成为"神经病"，不攻击敌军，反而在自己的阵地上"开花"。

计算机病毒的危害包括：使计算机网络瘫痪，进而导致有关系统完全瘫痪，如金融系统、民航系统、导弹防御系统等；窃取计算机中秘密信息；直接毁坏计算机的硬件。

随着计算机和数字化武器的发展，人们对计算机病毒武器的研究也将逐步深入，不但能制造一般的病毒来攻击敌军，而且可以制造出智能型病毒，钻入敌军的心脏活动。可以预计，在不久的将来，计算机病毒将和导弹、核武器一样成为攻城略地的战略武器。

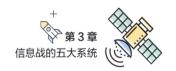

▶ 网络空间攻击作战

网络攻击是利用敌方信息系统自身存在的安全漏洞，或者说技术上的薄弱环节，通过网络的指令或者是专用的软件进入敌方的网络系统，或者是使用强电磁武器摧毁它的硬件设备，通俗的说法叫"破网"。

网络攻击常用战术包括用"蜂群"战术或烈性病毒（如震网病毒）导致对方网络瘫痪。

1 │ "蜂群"战术

所谓"蜂群"战术就是像蜜蜂那样成群结队地攻击同一个目标，这样的攻击具有快速、机动和密集等特点。

"蜂群"战术的一个实例是俄罗斯对格鲁吉亚的网络攻击。2008年8月8日，俄军在越过格鲁吉亚边境的同时，展开了全面的"蜂群"式网络攻击，导致格鲁吉亚的电视媒体、金融、交通系统等重要网站瘫痪，政府机构运作陷于混乱，机场、物流和通信等信息网络崩溃，急需的战争物资无法运达指定位置，战争潜力受到严重削弱，直接影响了格鲁吉亚的社会秩序以及军队作战指挥和机动。

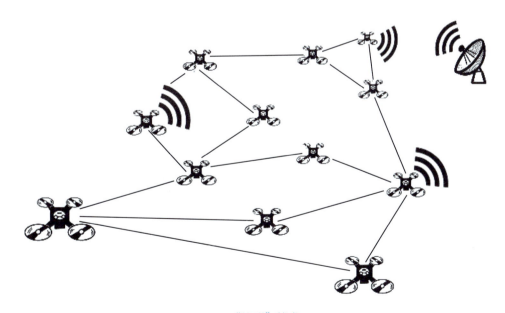

▲ "蜂群"战术

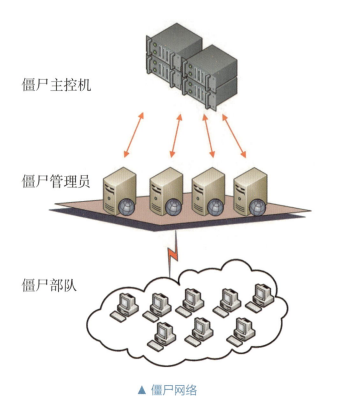

僵尸主控机

僵尸管理员

僵尸部队

▲ 僵尸网络

僵尸网络（Botnet）是指通过各种手段在计算机中植入特定的恶意程序，使控制者能够通过相对集中的若干计算机，直接向大量计算机发送攻击网络的指令。

攻击者通过各种途径传播僵尸程序感染互联网上的大量主机，而被感染的主机将通过一个控制信道接收攻击者的指令，组成一个僵尸网络。之所以用僵尸网络这个名字，是为了更形象地让人们认识到这类危害的特点：众多的计算机在不知不觉中像传说中的僵尸群一样被人驱赶和指挥着，成为被人利用的一种工具。

2 | 震网病毒

震网病毒（Stuxnet）是一个席卷全球工业界的病毒，是第一个专门定向攻击基础（能源）设施的蠕虫病毒，如核电站、水坝、国家电网。作为世界上首个网络"超级破坏性武器"，震网病毒已经感染了全球超过 45000 个网络，伊朗遭到的攻击最为严重，60% 的个人计算机感染了这种病毒。计算机安防专家认为，该病毒是有史以来最高端的蠕虫病毒。蠕虫是一种典型的计算机病毒，它能自我复制，并将副本通过网络传输，任何一台个人计算机只要和染毒计算机相连，就会被感染。

美、以等国为推迟伊朗的核进程，于 2010 年 7 月向伊朗的核电站工业控

▲ 震网病毒示意图

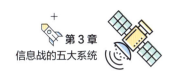

制系统实施了震网病毒攻击，导致至少有 3 万台计算机中招，1/5 的离心机瘫痪，伊朗的核发展计划被迫拖延两年。

3 | 第一个网络传播的蠕虫病毒

1988 年 11 月 2 日，美国发生了震惊世界的病毒事件，连接着美国国防部、美军军事基地、航空航天局和多所大学及研究机构的大型计算机网络突然间大面积瘫痪。在不到 10 小时的时间里，就殃及了整个美国的几千台计算机。人们像躲避瘟疫一样，被迫关闭计算机。这场瘟疫造成直接经济损失达 1 亿美元，间接经济损失更是无法估量。最后查明，制造这一事件的是美国康奈尔大学计算机专业的研究生罗伯特·莫里斯。

▲ 蠕虫病毒示意图

1988 年 11 月 2 日晚上 7 时许，美国康奈尔大学的学生罗伯特·莫里斯像平常一样按下了计算机的回车键，与往常不同的只是这一次他在网络上释放了一个蠕虫程序。这个程序只有 99 行，利用了 Unix 系统中的缺点，用 Finger 命令查联机用户名单，然后破译用户口令，用 Mail 系统复制、传播本身的源程序，再编译生成代码。在他看来，这只是一个检验网络安全的无害计划。但他根本没想过，这个小小的举动几乎颠覆了整个互联网。当莫里斯在餐厅里狼吞虎咽的时候，病毒正在大量繁殖，成千上万的机器越来越慢，最后陷入瘫痪。这就是著名的莫里斯蠕虫事件，也是人类第一次感受到计算机病毒的切肤之痛。

蠕虫病毒的设计者莫里斯也因此被判 3 年缓刑，罚款 1 万美元，还被命令进行 400 小时的社区服务，成为历史上第一个因为制造计算机病毒受到法律惩罚的人，从而揭开了世界上通过法律手段来解决计算机病毒问题的新一页。

这个计算机病毒是历史上第一个通过互联网传播的计算机病毒，它震动了年轻的互联网。当时，互联网只有 10 万台计算机，而且多数是用于工作，网络管理员很少采取防护措施，那时候也没有防火墙这种东西。蠕虫病毒的风波

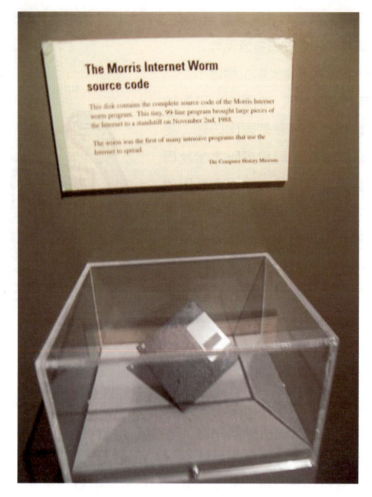

▲ 保存在美国计算机历史博物馆的蠕虫病毒源代码

之后，人们对计算机安全更为在意，从而促进了计算机安全行业的兴起。

自从 20 世纪 80 年代第一个蠕虫病毒问世之后，小球病毒、大麻病毒、雨点病毒、黑色星期五病毒等形形色色的病毒花样各异，层出不穷。

4 ┃ 科索沃战争中的网络战

如果说海湾战争中网络战仅仅是小试锋芒，那么 20 世纪末的科索沃战争则使网络战正式登上了人类的战争舞台。1999 年 3 月 25 日，北约数百架满载炸弹的飞机呼啸着起飞，数百枚巡航导弹冲向夜空。在 78 天的连续轰炸中，南联盟经历了 20 世纪最为惨烈的空袭。与此同时，在国际互联网上交战双方也开辟了没有硝烟的第二战场。美军专门召集了计算机专家，将大量病毒和欺骗性信息注入南联盟军队计算机互联网络和通信系统，以阻塞南联盟军队

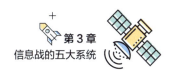

作战信息的有效传播。面对北约的网络攻击，南联盟网络高手奋起反击，北约部分计算机系统的软硬件也受到了重创。在战争中，北约的电子邮箱每天都收到 2000 多个含大量宏病毒的电子邮件，造成了邮件服务器因严重过载而瘫痪。空袭仅仅过了 4 天，美国白宫的网络服务器因为这种网络攻击而全天休息。一向紧跟美国的英国网站，也多处遭到破坏。在攻击美国和英国的首脑机关网络的同时，南联盟还将关键目标直接对准了北约的战场系统。北约军队的战场计算机系统在梅丽莎、疯牛等病毒的围攻下，部分时段的指挥、控制和通信系统瘫痪，尤其是美国海军陆战队，各作战单元的电子邮件大部分被阻塞。

梅丽莎病毒（Melissa）是一种计算机病毒，属于宏病毒范畴，1999 年 3 月 26 日开始大规模暴发，导致全球大企业的电子邮件服务器公休一天而成名，甚至惊动美国 FBI 出面。梅丽莎病毒可同时感染 Microsoft Word 97 及 Word 2000，并经由被感染者的 Microsoft Outlook 邮件软件通讯录发出 50 封自动邮件，其邮件署名是自己熟人，导致许多人不察，借以连锁性地大规模散布。美国亚马逊网络公司受害严重，还一度要求员工不得开启任何 Word 文档。

▲ 梅丽莎病毒示意图

5 ｜远程网络攻击

在美军的一次演习中，一名海军信息战专家通过一根电话线将计算机连到网上，然后把调动军舰的密码指令隐藏在电子邮件中发出，随着密码指令在各个军舰计算机中的不断传递，大西洋舰队的军舰一支接一支地拱手交出了指挥权，有的驶向其他海域，有的调头到别处集结，有的原地不动，有的向海底深潜。最糟糕的是，舰队的指挥官们对这一切却浑然不知。这只不过是实施远程网络攻击的一个实例，它说明在信息时代，少数网络黑客通过网上入侵，可以对军队的指控中心进行十分可怕的远程遥控。

那么，究竟是什么招法能够让网上黑客如此轻松得手的呢？黑客一般有两种手段，一种是通常所说的特洛伊木马。计算机中所说的木马与病毒一样也是一种有害的程序，其特征与特洛伊木马一样具有伪装性，表面上没有危害，甚

至还附有使用者需要的功能，却会在不经意间，对使用者的计算机系统产生破坏或窃取数据，特别是各种账户及口令等重要且需要保密的信息，甚至控制使用者的计算机系统。

黑客的另一种手段就是网络嗅探。众所周知，计算机用户在进入自己的计算机系统时，最先敲击的是核心机密，他的账号、口令和登录信息，一般都存在于这些字符串中。黑客就利用这个规律，首先找出网络系统漏洞，然后嗅探程序依附在被攻击的主机系统中，就像在敌人的内部安插了一个间谍。这样，黑客就能以合法身份在对方网络系统内长驱直入，为所欲为。

▲ 特洛伊木马示意图

虽然黑客个个都是网上"杀手"，但是，在未来战争中，仅靠黑客攻击是远远不够的。英国军事历史评估与研究中心主任查尔斯·霍金森说："黑客可以参与将来的战争，但不一定能够发挥决定性的作用。在信息战中，可以使用训练有素的黑客注入病毒，但是，最终还必须结合硬杀伤武器才能达到军事目的。"

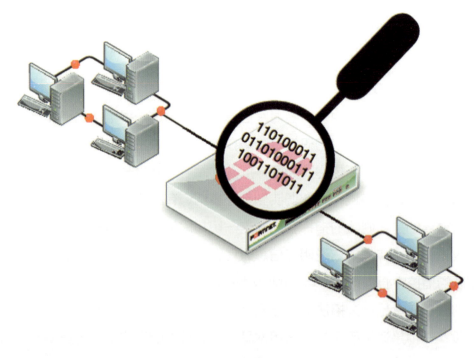

▲ 网络嗅探

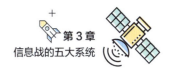

▶ 网络空间防御作战

信息时代，网络安全对国家安全来说牵一发而动全身。网络空间已经成为影响国家安全、社会稳定、经济发展和文化传播的全新领域，网络空间安全随之成为国际社会日益关注的重要议题。因此，我们应采取各种预防措施，切断敌方的入侵途径，使敌方病毒无路可入，保护己方信息免遭网络攻击。

主要技术手段：对计算机加密，防止黑客进行计算机渗透，来窃取计算机情报；加强己方计算机网络系统管理、维护和检测，减少各种技术和管理上的漏洞；对敌实施电磁欺骗或干扰，使敌方无法侦测己方计算机设备辐射的电磁信号。

（1）网络防御的第一道防线是口令。这就是通常所说的登录密码。其实密码是含有数字或字母的口令。它的基本功能是：让知道口令的自己人进来，将不知道口令的一概拒之门外。

口令虽然简单易行，但不够安全。计算机可以用"穷举破解"的方法攻破这道防线，就是把 0 到 9 的 10 个数字和 26 个英文字母的各种组合都试一次，最终总能找到正确的口令。如果你设置的口令只有 8 个字母，普通的计算机运算几个小时就能破解。

（2）比口令更进一步的防御手段是加密。比如双方约定，今后写信息，用后 3 个字母来代替。于是，a 变成 d，b 变成 e，c 变成 f，以此类推。按照约定，"how are you"这句话就变成了这样："krz duh brx"。

▲ 计算机加密

当然，这种加密算法太简单。实际上，专家们设计的各种加密算法极其复杂，像对称密码体制（DES）、高级加密标准（AES）、国际数据加密算法（IDEA）等，计算机要破解这样的算法需要上百年时间。

对称密码体制又被称为美国数据加密标准，是 1972 年美国 IBM 公司研制的对称密码体制加密算法。DES 算法具有极高安全性，到目前为止，除了用穷

举搜索法对 DES 算法进行攻击外，还没有发现更有效的办法。而 56 位长的密钥的穷举空间为 256，这意味着如果一台计算机的速度是每一秒钟检测 100 万个密钥，则它搜索完全部密钥就需要将近 2285 年的时间，可见，这是难以实现的。然而，这并不等于说 DES 是不可破解的。实际上，随着硬件技术和互联网的发展，其破解的可能性越来越大，而且，所需要的时间越来越少。使用经过特殊设计的硬件并行处理要几个小时。

高级加密标准是美国联邦政府采用的一种区块加密标准。这个标准用来替代原先的 DES，已经被多方分析且广为全世界所使用。

国际数据加密算法，使用 128 位密钥提供非常强的安全性。

（3）认证，就是利用生物特征（如指纹、声音、视网膜和静脉血管）构成的鉴别认证设备，经过数字化，与前期存储在计算机里的特征相比较，特征符合的，则被认可；反之，则遭到拒绝。

（4）授权，就是给获得认证的合法用户赋予不同的权限。例如通过授权，这个合法用户仅仅拥有访问信息 1 的权力，那么当他访问信息 2 的时候，系统就会拒绝他的要求。

如果把安全的信息系统当作一座城堡的话，口令和加密就是给城堡套了一个"金钟罩"；认证和授权就是在"金钟罩"的旁边安排了一个站岗的士兵，他要检查每个进城人员的证件，还要给不同人员规定不同的活动范围。

口令、加密、认证、授权，这四道防线虽然厉害，但还是被屡屡攻破。于是网络防御开始向层层防御发展：先建一个外网，再建一个内网，再建一个绝密网。在各层之间设防火墙、入侵检测系统和加密通信系统等，层层防御。

防火墙能检查所有来自外界的数据，将合法的数据转给里面的计算机系统；否则，会直接阻挡该数据，从而保护计算机系统。这个规则也叫"过滤规则"。但防火墙本身也有缺陷，实

▲ 防火墙示意图

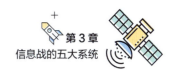

施进攻的病毒进行特殊伪装之后，防火墙就无法识别了。

病毒扫描相当于在防火墙的后面又拉了一道"铁丝网"。这道"铁丝网"有一个庞大的病毒库。当伪装后的病毒来袭时，系统立即通过病毒特征库的比对，把进入计算机的病毒文件直接删除。

但病毒扫描有天生的弱点，就是只能对付病毒库中已有的病毒，不能防御新的病毒。当系统被新的病毒攻破后，就需要启动病毒扫描后的防御手段入侵检测。

入侵检测首先可以把敌人的进攻信息记录下来，作为法律证据。它还具有自学能力。当发现入侵者后，它就会发声报警、切断网络、自动关机进行应急处置。

从最初的密码到防火墙，从简单的认证到立体、全方位的防护，未来的防御技术将朝着智能化、自动化的方向发展。

▶ 美国的网络战力量

美国既是互联网的缔造者，也是实施网络攻击的高手。

1 | 建立了系统的网络战组织机构

美国作为全球最早开发互联网并至今掌握最先进技术的国家，其网络战意识的萌芽也非常早。早在 1995 年 6 月，为增强军方的信息对抗能力，美国国防大学信息资源管理学院就为美军培养出了美国第一批"网络战士"，这批网络战士只有 16 名，但其诞生所代表的历史意义不言而喻。

2001 年的"9·11"之后，小布什政府加紧防范利用互联网实施的恐怖袭击。为加强统一领导协调、提升网络战能力，2002 年发布了第 16 号国家安全总统令，组建了美军历史上第一个网络战指挥机构和战略力量，即"网络战联合功能构成司令部"。这个司令部由世界顶级的计算机专家组成，其成员包括中央情报局、国家安全局、联邦调查局以及其他部门的专家，兼备指挥协调和作战职能。

美国政府借助美军的防御教训和经验，于 2003 年启动国家网络安全态势感知的"爱因斯坦计划"，控制和保护美联邦政府互联网出口，到 2013 年，该

计划已实施到 3.0 版，美政府 20 多个部门的 1000 多个网络出入口得到保护。该系统能够自动地收集、关联、分析和共享美国联邦政府之间的计算机安全信息，从而使得各联邦机构能够接近实时地感知其网络基础设施面临的威胁，并迅速地采取恰当的对策。通过收集参与该计划的联邦政府机构的信息，能够建立和增强对美国网络空间态势感知的能力。这种态势感知的能力将使得美国能够更好地识别和响应网络威胁与攻击，提高网络安全性，提升关键的电子政务服务的弹性，增强互联网的可生存性。"爱因斯坦计划"的关键技术点包括：入侵检测技术、入侵防御技术、高级网络空间分析技术、数据聚合与关联、可视化、恶意代码分析、捕获、突发事件管理、信息共享与协作。

2008 年，美国又启动了国家网络战略防御的"曼哈顿计划"，以避免网络空间的不安全因素给美国带来的战略损害，美网军在其中发挥了重要作用。

美国空军网络空间作战力量在诸军兵种之中，发展最早、能力最强。2002年，作为美国空军信息作战"规范化"的一部分，美空军制订了一项计划，将其情报、监视和侦察（ISR）飞机都集中到第 8 航空队，为实施网络中心战奠定基础。2006 年，频频暴发的网络攻击事件引起美国军方对网络战前所未有的重视。但美国军方没有一个部门来统一负责网络空间的作战。美国空军敏锐地看到了网络对于现代作战的重要作用，在 2006 年颁布的《空军战略计划》中，明确把网络空间正式界定为一个新的作战领域，提出了掌握天空、太空和网络空间控制权的概念。同年 11 月 2 日，美国空军部长宣布将设立空军网络战司令部（暂编）。2008 年 3 月 21 日的美国《空军时报》披露了计划中的美国空军网络战司令部编制架构，网络战司令部包括 65 个空军中队、预备役和国民警卫队。此外，还有 4 个空军联队。2008 年 10 月 6 日，美国空军正式宣布一个编号航空队，即第 24 航空队将作为空军航天司令部的一部分被赋予网络作战任务，第 24 航空队被认为是先前的网络战司令部的"缩水版"。2009 年 8 月 18 日，第 24 航空联队正式成立，隶属于空军航天司令部，负责建立、运作、维护和防护美国空军的网络，实施全频谱网络空间作战。

2009 年 6 月 23 日，美国防部长盖茨下达了"成立一个美国战略司令部下属的联合美国网络司令部以负责军事网络空间作战"的指示。该指示指出：美国战略司令部司令要立刻采取有效措施成立一个下属的联合司令部，命名为

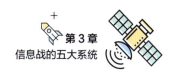

网络空间司令部。网络空间司令部是美军网络战的最高指挥机构，主要职责是领导、整合和更好地协调国防部网络的日常防御、保护和运作；指导国防部信息网络的运作和防御，并准备奉命实施网络空间的全谱军事行动；担负作战任务时还将发挥领导作用，将网络战纳入作战和应急计划。经过 1 年多的筹备，2010 年 10 月，美军网络空间司令部正式投入运营。

2013 年 3 月 15 日，美军网络空间司令部司令亚历山大在国会宣布，将新增 40 支网络战部队。

2014 年，美国国防部发布《四年防务评估报告》，明确提出"投资新扩展的网络能力，建设 133 支网络任务部队"。值得关注的是，从 2013 年到 2014 年一年中，美军宣称网络战部队扩编 3 倍以上。一系列动作表明，美军突破了网络战的编制体制、装备设备、融入联合等一系列瓶颈问题，探索形成了网络攻防战斗力生成的有效模式。这些训练有素、全球部署的美军网络战部队，可能穿过"棱镜门"软件便道，翻越路由器"陈仓暗道"，进入智能手机"芯片天窗"，在全球互联互通的网络空间肆意行动，被美国智库兰德公司称为信息时代的"核武器"，事实上已经成为当前网络空间安全实实在在的最大威胁。

2 │ 建立了多支网络战部队

战斗任务部队由 27 支战斗任务分队和 17 支战斗支持分队组成，重点支持作战司令部的独特作战需求。

网络保护部队由 68 支网络保护部队组成，这支部队进一步分为 4 个任务领域：国家、国防部信息网络、作战司令部直至各军种。所有网络部队保护分队都专注于采取内部行动来保护其任务网络，主要是在国防部信息网络内，除非他们被单独授权来保卫非国防部网络。这些分队的核心能力包括任务保护、发现和反渗透、网络威胁仿真、网络战备和网络支持。

2016 年 10 月 24 日，美国国防部发表声明，美军网络司令部下属的 133 支"国家网络任务部队"已经全部具备初步作战能力，即能够"执行基本任务"，但"不代表做好了全面作战准备"。美军最终建成的 133 支网络部队，将含有 13 支国家任务部队、68 支网络保护部队、27 支作战部队和 25 支支持部队。而这 133 支网络部队也将分布于各军种，其中陆军 41 支、海军 40 支、空军 39 支、海军陆战队 13 支。

目前美国网络部队将形成"总统—国防部长—网络司令部"的网络战指挥机制。网络司令部将把网络行动整合到单一的指挥官下面，从而优化了对网络部队的指挥控制。同时，美国国防部也正在评估将网络司令部从美国国家安全局分离出去，解决国家安全局与网络司令部纠缠不清的关系。这在一定程度上意味着，美军网络部队的战斗力已基本形成，可能不需要再机械"复制"国家安全局的网络技术。

纵观美国网络部队的发展历程，主要呈现出以下特点：

第一，网络部队任务以网络防御为主逐渐向网络进攻转变，打造攻防兼备的网络作战力量。

第二，由各自分散作战逐渐转向跨区域联合作战，各军种网络部队融合程度加深。

第三，大力发展战术级网络作战单位。美国网络司令部下属的 133 支网络部队，分别承担具体的作战任务。

第四，各军种网络司令部均依托具体作战单位成立。这些单位既是司令部机构，也有具体的作战任务。

第五，美军网络部队与情报部门高度合作。

3 │ 网络战演习常态化

网络空间作战训练是提高网络空间作战能力的重要途径。演习则是一种重要的网络空间作战训练方法。美军十分重视通过各种网络演习来检验、锻炼和提高军队、政府乃至整个国家的网络空间作战能力，其组织网络演习的频度和规模堪称世界之最。美军已经组织的网络演习类型有"网络风暴"演习、"网络卫士"演习、"网络旗帜"演习、"网络盾牌"演习和"网络闪电"演习。

"网络风暴"是美国政府主导的全方位的大规模网络安全演习，由美国国土安全部举办，距今已经有十几年的举办历史，并一直以接近两年一次的频率在美国本土举行。自 2006 年至 2018 年，美国共举行了 6 次"网络风暴"演习。演习旨在继续评估美国国土安全部的角色、职责与能力；为演习参与各方提供论坛，旨在实施、评估并完善相关流程、程序、交互以及组织机构内部或相关组织之间的信息共享机制。

2006 年 2 月 6 日—10 日美国在华盛顿举行了"网络风暴"演习，由美国国土安全部担任总指挥，共有 115 家美国政府部门、私营机构和国际组织参加，加拿大、澳大利亚和英国的官员到场观摩。演习模拟了恐怖分子、黑客等发起破坏性网络攻击，导致能源、运输和医疗系统瘫痪，网络银行和销售系统出错，软件公司发售光盘染毒等危险。

2008 年 3 月 9 日起，美国政府举行一周的"网络风暴Ⅱ"演习，共有 5 个国家（美国、澳大利亚、加拿大、新西兰和英国）及 40 家私营公司参演，演习模拟了针对信息技术、通信、化学和交通系统与设施的协同网络攻击，旨在检验美国的公、私各部门如何应对黑客和反全球人士发起的破坏性网络攻击。在演习中，美国政府机构和信息技术、通信、化学、交通运输等重要行业的网络系统遭受模拟联合攻击，由网络安全专家应对攻击、处理问题。前两次"网络风暴"演习所暴露出来的问题令美国政府大吃一惊，虽然政府机构和私人企业都具有防范网络攻击的力量，但他们之间缺乏协调与合作，在遭到攻击时十分慌乱，缺

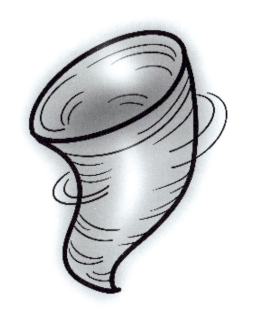
▲ "网络风暴"演习

乏应急机制，令网络攻击更加难以遏止。

2010 年 9 月 27 日—29 日，美国举行了一场为期 3 天的"网络风暴Ⅲ"演习。此次网络演习由美国国土安全部领衔，参演部门有美国国土安全部、商务部、国防部、能源部、司法部、交通部和财政部 7 个政府部门。白宫及情报和执法部门的代表也参与其中。参加演习的还有美 11 个州和 60 家私营企业，这些企业来自金融、化学、通信、水坝、防务、信息技术、核能、交通和水资源行业。值得关注的是，除美国之外，这次演习的参演国数量是 2008 年演习的 3 倍，澳大利亚、加拿大、法国、德国、匈牙利、意大利、日本、荷兰、新西兰、瑞典、瑞士、英国作为国际伙伴参加演习。演习目的在于检验包括电力、供水系统和银行在内的美国重要部门遭大规模网络攻击时的协同应对能力。此

次网络演习是在真实的互联网环境下进行的，检验美国对网络威胁的准备情况。演习规模空前，技术含量高，针对性强。在开放的网络空间中，网络攻击是没有边界的；现在网络攻击的复杂性与传统练兵有很大不同，需要通过演练来探索很多以前未遇到和未发现的问题；网络攻击是高度未知的、不可预测的，通过演练探索网络威胁下的跨行业、跨部门、跨地区、跨所有权边界和跨国的协调合作机制问题；网络攻击是非对称的、高度复杂的问题，不是通过本本学来的，是需要通过实际演练集成人的智慧得来的。

"网络风暴Ⅳ"是在2012年秋季进行的。"网络风暴Ⅳ"的主要成就包括：

（1）为参与国、政府机构、国际合作伙伴和其他组织和个人创建了一个论坛，以评估网络事件应对能力。

（2）允许对特定的利益相关群体进行深入研究，如个别国家和网络中心，以及公共事务等感兴趣的领域。

（3）在一次重大网络事件中，从地方到联邦层面的事件升级，确定了网络紧急升级、资源分配程序和联邦应急反应部门的问题。

（4）向几乎没有或根本没有参与的国家介绍网络演习，提升他们的网络意识和相对能力，帮助确定前进的方向，并将这些国家整合到国家网络安全和通信整合中心（NCCIC）规划工作中。

（5）提高对联邦（和其他）资源的认识，以协调、应对和减轻网络事件的影响。

（6）将新的利益攸关方纳入网络风暴社区，提供网络应对演习的机会，并向国内外广泛的利益攸关方提供培训和教育。

（7）针对网络事件的模拟升级，执行响应协议和网络响应计划，并确定通信、响应计划和资源方面的差距。

（8）促进了长期关系的发展，并改善了国土安全部和网络风暴Ⅳ利益攸关方之间的伙伴关系。

2016年3月24日，美国国土安全部举行了"网络风暴Ⅴ"演习，目的是测试美国应对严重网络事故的能力。

指向关键性基础设施的网络威胁仍然是美国当前面临的最为严重的安全性与经济稳定性挑战之一。目前超过八成关键性基础设施由私营部门掌管，另有

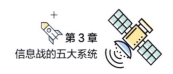
数以百万计的网络关联机制则由个人或者联邦、各州、当地政府、部族乃至地方性组织与机构掌握，这意味着我们必须实现网络层面的相互协作。网络风暴演习正是为了测试这种协调能力，更重要的是借此构建并维护社区之间围绕网络事故开展的牢固合作关系。

来自美国怀俄明州、密苏里州、密西西比州、佐治亚州、缅因州、内华达州、俄克拉荷马州和俄勒冈州乃至世界各地 60 多个机构的超过 1100 名人员参加了这一涵盖范围极广的网络安全项目。

在为期一周的演习活动中，参与者们将检验自己的培训、策略、处理以及规程方案，从而确定并应对指向关键性基础设施的跨部门网络攻击活动。"网络风暴 V"创建出一套完整的实验性场景，在此之中没有任何个人或者单一组织能够独立阻止或者缓解攻击影响。此方案的目标在于促进美国各级政府、州以及私营部门之间的合作与信息共享，同时与各国际合作伙伴相对接。

国土安全部下辖的国家网络安全与通信整合中心（NCCIC）负责作为联邦政府响应与演习协调过程中的联系点。NCCIC 是一座全天候网络态势感知、事件响应与管理中心，同时亦是联邦政府、情报行业以及执行部门的网络与通信整合枢纽所在。NCCIC 亦被指定为联邦政府同私营部门间进行信息共享、跨部门协调以及事故响应的对接载体。

"网络风暴 V"演习在行动推进后会首先进行初步高层级研究，通过大会形式帮助参与各方验证其研究结果并发布报告以通报后续事态发展。

美国国土安全部于 2018 年 4 月 10 日举行了"网络风暴 VI"演习，重在模拟针对重点行业的网络危机，让参与者有机会检测并响应影响美国关键基础设施的大规模网络攻击，这类演习有助于评估参与者的网络安全准备情况，检验事件响应过程、程序和信息共享情况，并确定需要改进的方面。

本次演习的具体目标是：

（1）实践协调机制，评估美国国家网络事件响应计划（NCIRP）指导事件响应的效果。

（2）评估信息共享门槛、途径、及时性、信息有效性以及网络事件响应各方共享信息的障碍。

（3）鉴于美国国土安全部与受影响实体协同响应网络事件，演习旨在继续评估美国国土安全部的角色、职责与能力。

（4）为演习参与各方提供论坛，旨在实施、评估并完善相关流程、程序、交互以及组织机构内部或相关组织之间的信息共享机制。

在此次演习中，交通运输和关键制造行业在内的 1000 多人参与其中，包括公司高管、执法机构工作人员、情报和国防官员。

"网络卫士"演习是由美国网络司令部、美国国土安全部和美国联邦调查局联合举办的一年一度的网络演习。首届演习起始于 2012 年，到 2017 年 8 月已经举办了 6 届。主要目的是促进联邦和州政府之间在网络空间事件响应方面的相互协调，探索国民警卫队作为推动者和"力量倍增器"在网络空间域的潜力。

"网络旗帜"演习是由美国网络司令部举办的一年一度的联合网络演习，首次开始于 2011 年，截至 2017 年 8 月，已经举办了 7 届。

"网络盾牌"演习是美国陆军警卫队组织的一年一度的以防御为重点的网络演习，始于 2012 年。

"网络闪电"演习是美国空军组织的网络演习，旨在测试空军在竞争性网络环境中的作战能力。

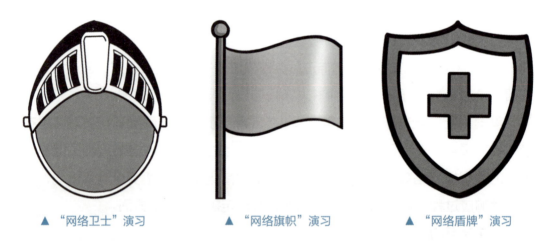

▲ "网络卫士"演习　　　　▲ "网络旗帜"演习　　　　▲ "网络盾牌"演习

4 ｜ 美国网络空间作战理论

作战理论一般都是作战实践的总结和升华，反过来用于指导未来的作战行动。网络空间作战也是这样。早在 2006 年 12 月，美军参联会就秘密颁布了《网络空间作战国家军事战略》，为美军的网络作战体系建设提供了最高战略指导。之后，美军在网络空间作战理论方面一直在探索改进，先后于 2010 年颁

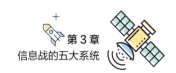
布了空军 AFDD3-12 条令，2013 年颁布了联合 JP3-12 条令，2014 年颁布了陆军 FM3-38 野战条令，2017 年颁布了陆军 FM3-12 野战条令等网络作战相关条令。尤其是联合 JP3-12《网络空间作战条令》的颁布，标志美军有了全军性的统一的正式网络空间作战指南。

美国网络空间作战理论的要点包括：

网络空间作战的类型：进攻性网络空间作战、防御性网络空间作战和国防部信息网络运维。

网络空间联合作战的六个功能：指挥与控制、情报、活力、机动与兵力部署、保障和保护。

网络空间威慑：报复性威慑和拒绝性威慑。

空军网络空间作战条令要点：指挥与组织；设计、计划、执行与评估。

联合网络空间作战条令要点：授权、角色与责任；规划与协调；指挥与控制；作战的协同；作战的评估。

5 ┃ 美国网络空间武器装备

网络空间武器（简称"网络武器"）通常是指施用于网络空间，能对人类的计算机活动、软件运行、网络通信、信息处理进行利用和破坏，或对计算机和网络系统造成硬件破坏，或对计算机和网络所控制的其他设备造成危害的工具。从广义上讲，凡是能够通过网络和信息技术基础设施直接或间接地对物理实体造成损害的网络工具或系统，均可称为"网络武器"。

美国网络空间武器装备种类最多，且攻防兼备。如网络飞行器，光从名称上来看，不知道是干什么的，但实际上其中含有病毒和蠕虫，预期效果包括对网络的破坏、降级、策反、控制、访问和拒绝服务等。其手段有窃听、预置后门和网络屏蔽。

按作用效果分，网络武器可分为软毁伤型网络武器和硬毁伤型网络武器。按作战用途分，可分为网络情报侦察武器、心理作战武器、网络设备控制类武器、网络阻塞致盲类武器和网络杀伤性武器等。例如"火燃"病毒、"霉曲"病毒属于典型的网络情报侦察类武器，"手提箱网络""数字化水军"属于网络心理作战类武器，分布式拒绝服务攻击属于网络阻塞致盲类武器，震网病毒属于网络杀伤破坏类武器，而一些特种木马、僵尸网络则属于网络设备控制类武器。

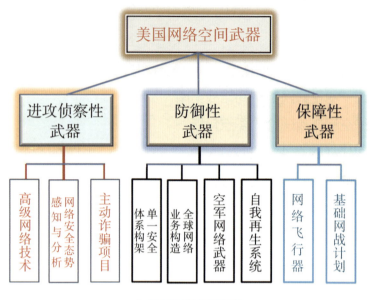

▲ 美国网络空间武器

从网络空间作战行动的角度出发，这些武器也可分为防御性网络武器、进攻性网络武器和保障类网络武器三大类。

防御性网络武器：

早在 2011 年，美国国防部就提出了主动防御战略，旨在实时地发现、检测、分析和迁移威胁的能力，特别是提高防御方向的反击攻击能力和主动欺骗的能力。主要采用的技术包括实时检测技术、威胁源判定技术、灵活的响应技术和情报分发技术。根据这些原则，美国发展了五花八门的防御性武器装备。

（1）美军联合信息环境提出的单一安全体系构架（SSA），主要包括：下一代防火墙、入侵检测系统、邮件安全网关、数据泄露保护、数据库防火墙以及无线攻击检测等。

（2）美国空军网络武器装备：网络防御武器系统、网络防御分析武器系统、网络安全漏洞评估武器系统、空军内联网控制武器系统、空军网络安全和控制武器系统、网络指挥控制任务武器系统。

（3）美国国防部高等计划研究局提出的一种自我再生系统，能有效延迟或阻止 10% 的内部攻击。

（4）美国海军建设的高保障平台，能扩大涉密网络的知悉范围，提高网络的安全保密能力。

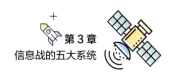

（5）美军遏制内部威胁的 SPDR 计划，能实现终端的检测、代理、过滤和加密功能。

（6）给予主机的安全系统 HRBS：包括主机入侵防御系统、恶意系统探测、策略审计程序、设备基准管理器、设备控制模块、反病毒企业模块和反间谍软件企业模块 7 个模块。

（7）爱因斯坦系统工程，由美国国土安全部下属的计算机应急小组研发。该系统目前能够为 237 个国家超过 100 万的用户提供边界流量过滤、攻击防御、信息分类等，确保网页、电子邮件等系统的安全。

（8）美军通信电子研究开发和工程中心主导的网络机动装备。目的是限制敌方对网络的侦察，对系统脆弱性的利用，降低网络攻击成功的概率。

（9）主动诱骗装备。属于数据丢失中止或数据丢失告警技术，包括对敏感文档嵌入水印，转配诱骗性文档并对其访问行为报警，文档被非授权访问的自销毁技术等，特别适用于被发现内部人员窃密或身份冒充窃密。

（10）主动认证系统。主动认证技术是一种新型认证技术，能够不依赖于传统的口令、密码、令牌等认证方式，实现对用户或系统的不间断、实时、可靠的认证。这项技术基于软件的生物识别方法来验证识别国防部计算机授权用户。

进攻性网络武器：

美国国家安全局于 1997 年成立了一个顶尖网络攻击部门——定制介入行动办公室，该部门人员总数超过 1000 名，包括军事和民间黑客、情报分析师、目标定位专家、计算机软硬件设计师等。其任务是通过黑客手段，秘密入侵海外目标的计算机与通信系统，破坏和窃取相关的数据情报。

定制介入行动办公室利用自己发展的高级网络技术（ANT），在所有类型的网络终端节点和网络设备，包括计算机、防火墙、路由器、无线局域网、键盘中，偷偷植入各种各样的情报窃取和侦察类软硬件，预置范围涵盖了渗透、传递、控制、打击等所有攻击环节。部分武器有植入式无线设备、由雷达提供能量的窃取数据电子设备、Wi-Fi 劫持系统、黑客攻击装备、网络安全态势感知系统以及很多主动诱骗项目。

保障性网络武器：

这类装备包括网络飞行器和"Plan X"基础网战计划。网络飞行器是一种

软件，能自动并主动地保护军事系统，为介入美国空军网络的任何软、硬件设备提供持续性保护，特别是系统补丁的自动升级、入侵检测与告警、系统可信度评价及敌我识别，并可作为网络安全态势感知和执行有效攻击载荷的平台。

"Plan X"基础网战计划的目标是研发能够在实时的、大规模的、动态的网络环境中理解、规划、管理网络战的变革性技术。通过动态不间断地监测、收集、提升并可视化各种信息，为网络作战人员提供近实时的网络空间态势感知能力，为评估战场、制订作战计划提供决策支持。

6 ｜美国网络战迈向正规化

美军十分强调将网络作战纳入到联合作战的框架之内，实现像陆、海、空、天联合作战那样的正规化。为了推动网络空间作战的正规化，美军采取了很多的措施：

一是完善了美军的网络作战力量体系，将情报监听与分析部队、电子战部队、通信部队、信息作战部队、计算机与网络系统防御部队和安全保密相关部队，整合成 133 支专业的网络作战部队，并在各级成立了相应的指挥机构。

二是完善作战理论，目前仅有美军颁布了网络作战的相关作战条令。2006年，美国颁布《国家网络空间作战军事战略》，2013 年 2 月，美军参谋长联席会议以内部文件公布了联合出版物 JP3-12。在网络作战领域，美军已经形成了完整的网络威慑、网络进攻、网络防御、网络运行等方面的理论。

三是成立了"网络靶场"并进行攻防演练。美国国家网络靶场号称美国的网络"曼哈顿工程"，是美国进行网络攻防演练的主要场所，类似于军事训练基地，美军试验新的网络作战武器、战法，进行网络作战演练都要在此进行。不言而喻，美军网络实战化能力已经达到了令人无法估计的地步。

四是做好网络开战准备。目前美军研发了大量网络战武器，从震网病毒到"永恒之蓝"的勒索病毒，美国中央情报局的网络情报中心已开发出 1000 余种黑客工具，包括黑客系统、木马、病毒以及其他攻击软件。科索沃战争之后，美军投入 14.6 亿美元用于改进美国计算机安全系统。针对尼米兹航空母舰上的计算机系统容易被攻击，研发了新的防御措施与设备，据悉，尼米兹航母计算机系统曾被黑客攻击瘫痪 3 个小时。

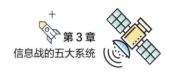

网络心理战

▶ 什么叫网络心理战?

网络心理战是以计算机网络为载体,运用心理学原理,通过心理宣传、心理欺诈和心理威慑等手段,从精神上瓦解敌方的一种心理作战方式。它是高技术条件下信息战与心理战结合的重要手段和途径。网络心理战目的是通过网络媒体从心理上打击敌方,达到不战而胜或小战而大胜。它不是直接用军事手段消灭敌人,而是利用在对抗环境中敌方的心理变化规律,通过大量的信息传递,瓦解敌方士气,削弱其抵抗意志,成为"不战而屈人之兵"的一种心理战样式。

网络心理战作为心理战的一个特殊领域,不仅具有独特的特点,其实施的形式也是丰富多样。在现代战争中,网络心理战一般采取如下形式进行:

(1)组建心理战网站进行宣传。利用互联网,组建专门网站进行宣传,是实施网络心理战的一个重要方式。互联网具有信息传递实时、不受时间限制、阅读群体庞大等优点,成为网络心理战宣传的重要平台。

(2)设置虚拟社区进行宣传。虚拟社区,是由互联网提供的一个供大家相互交流的场所,是对现实生活的支持和帮助。在网上,人们没有地域、年龄、国籍、地位等一切影响正常交流的障碍,人人完全平等,大家都可以自由地发表自己的言论,阐述自己的观点。它用各种各样的方法和设定,在非现实的空间中使人们的个性加以体现,使人们的理想得以实现。这样一种全新的虚拟社区性质决定了其拥有极高而且十分固定的访问量,这就为实施网络宣传心理战提供了极好的机会。

(3)利用聊天室进行宣传。互联网上聊天室人气旺,速度快,站点繁多,各种各样的聊天室令人目不暇接。种种聊天室的建立,为实施网络心理宣传提供了崭新、方便的空间。

(4)利用电子邮件进行宣传。利用电子邮件快速、直观的特点,有针对性地对有关人员发送含有心理战信息的电子信件,从而影响其心理,这是网络心

理战宣传的又一形式。伊拉克战争中，美军利用其先进的设备和指挥控制系统，对伊发起了以手机短信和电子邮件为主的网络攻势。从 2003 年 1 月 6 日起，美就开始对伊拉克军队和地方官员发起电子邮件攻势，并向萨达姆亲信的移动电话发送短信。伊拉克很多军人、政府官员的手机上都接到了"我们知道你是谁，放下武器，别无出路"等信息。由于受强大心理宣传攻势的影响，有相当一部分伊拉克军人就偷越伊科边境向美军投降。

（5）利用微信传播信息。微信面对智能手机使用者，可以通过客户端与好友分享文字、图片，并支持分组聊天和语音、视频对讲功能、广播（一对多）消息、照片/视频共享、位置共享、信息交流联系、微信支付、理财通、游戏等服务，目前在中国使用微信已经非常普遍。因此，一旦国内外发生突发事件，国际上的反华分子肯定会利用微信这种方式，散布虚假信息，进行心理欺诈、蛊惑、诱惑和煽动。

▶ 网络心理战实例

海湾战争前期，美军开始对伊拉克实施心理战。手段是：使用传单、无线电广播和高音喇叭以及散发的录音带、录像带、微型收音机和手册等。美军实施心理战瓦解了伊军士气，促使了伊军官兵大量投降。比如美军在孤立了费来凯岛上的一支部队后，派出第九心理战营的一个小组，搭乘一架直升机，在武装直升机的护卫下绕岛飞行，并用扩音器进行宣传，告诉岛上的伊军，第二天在天线塔台旁边列队投降。次日，未动一枪一弹，1405 名伊军士兵，包括一名将官列队等候在天线塔台旁边，向美海军陆战队投降。停火之后，一位伊拉克的师长说，心理战对部队的士气是一大威慑，其威力仅次于联军的炸弹。

科索沃战争期间，美军利用信息技术优势通过在国际互联网上开设主页和链接等方式，对南联盟民众进行在线宣传，大量发布诸如南联盟进行"种族灭绝"和"种族清洗"的所谓罪证，丑化南联盟领导人，煽动南联盟民众起来颠覆政府，动摇南联盟的民心士气。

伊拉克战争中，心理领域的对抗之激烈、手段之新颖、运用之广泛、作用之突出，都达到了前所未有的水平。美军综合运用多种方式和手段，对伊实施

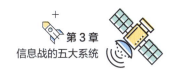

心理战。

一是利用伊反对派，建立"倒萨"电台和电视台，进行新闻媒体的宣传。美军 EC-130 心理战飞机使用 5 种不同广播频率用 30 多种语言，每天对伊拉克地区进行长达 5 小时的广播；有时甚至假冒巴格达本地电台攻击萨达姆，鼓励伊拉克官兵叛逃。

二是大量投放心理战传单，进行诱导劝降。美军在伊境内撒下了大量的传单，传单的内容从战前的警告伊军不要朝"禁飞区"内巡逻的美英战机开火，逐步转为策反伊拉克民众，并在传单中详细介绍美军对伊广播的播出时间和频率，要求伊军和民众收听美军"特意"为他们准备的"精彩节目"，煽动伊民众反抗萨达姆的独裁统治。据美军中央司令部透露，美军投放了大约 1 亿张传单，数量相当于伊拉克人口的 5 倍。

三是大力宣扬美军精兵利器的威力，进行心理威慑。开战前，美军在电视上播出了号称"炸弹之母"的精确制导炸药进行试验的恐怖画面，并威胁开战后将使用这种重达 1 万磅、杀伤力极大的炸药，产生了"未战先胜"的心理战效应。

四是夸大战果，报道不实战况，进行心理欺骗。开战头两天，美国国防部就宣布，萨达姆及两个儿子已在"斩首行动"中被炸死，伊军第 51 师师长及 8000 人已经投降，盟军已经完全占领了法奥半岛等地。事实证明这些战况都是不实之词，其目的是要扰乱视听，制造恐慌，诱发动乱。盟军强大的心理攻击促使了伊拉克迅速分化瓦解。

 # 军事欺骗战

▶ 什么叫军事欺骗战？

军事欺骗是指故意在己方军事能力、意图和行动方面误导敌方决策者，导致敌方采取或停止某些行动，为己方完成任务创造有利条件。

美军认为军事欺骗是成功实施信息作战的基础，是整体作战中的一个有力手段。美军特别重视这一古老战法在信息战中的应用。在诺曼底登陆作战中，盟军电子欺骗行动用"右勾拳"，而在海湾战争中，美军又打出一记"左勾拳"。

海湾战争中美军的"左勾拳"，给人留下了深刻的印象。但很少有人知道，"左勾拳"的成功依赖于美军中央总部总司令弗兰克斯亲自策划的"4月愚人计划"。这次成功的战略欺骗，通过大量发送无线电信号，造成部队仍在原地的假象。实际上，20多万地面部队已经向西机动了近400千米，从左翼穿过伊拉克沙漠，直插伊军。

沙特阿拉伯东部，漫天的黄沙中坐落着一座仅有30万人口的小城——哈费尔巴廷。如果不是因为海湾战争，恐怕世界上没有几个人会知道它的存在。然而，就是这样一座原本名不见经传的小城，却在海湾战争中见证了美陆军王牌第7军的"左勾拳"行动。

海湾战争中，美第7军于1990年11月初陆续从欧洲和美国本土进入沙特，并不断得到加强，最终下辖包含英军第1装甲师在内的7个师级单位，总兵力近20万，坦克1300辆。1991年2月上旬，第7军各部分别进至哈费尔巴廷以北的战术集结地域。而此时的萨达姆仍然蒙在鼓里，认为美军不可能从哈费尔巴廷附近发起进攻——哈费尔巴廷正面是广袤、荒无人烟的希加拉沙漠。

然而，战争的艺术就是化不可能为可能。在地面攻势发起的前一天，美军司令施瓦茨科普夫就对第7军说："科威特就像一个小小的庭院。我就是要把萨达姆的那些师包围在科威特庭院内，然后吃掉他们。"而补给问题——空中补

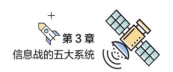

给及工兵在沙漠快速修路后的陆路补给完全可以满足美军的需要。在经过充分准备后，2月24日下午3时，第7军跨越"伊拉克防线"，随后对伊军打出了一记"左勾拳"——先向北涌向伊拉克腹地，后向东发起进攻，出其不意地出现在驻科威特伊军的后方，从而彻底切断其后勤补给线。在萨达姆见大势已去，下令伊军全线撤退后，第7军如风卷残云般对伊军发起猛攻，给伊军造成沉重打击。

哈费尔巴廷见证了一场悬殊的战争。第7军在持续近90个小时的作战行动中，歼灭伊军10余个师，俘虏伊军2.2万人，击毁坦克1300余辆、装甲车1200余辆。自己仅亡47人，伤192人，损失的坦克、装甲车都在个位数。

▶ 军事欺骗典型手段

2003年伊拉克战争中，美军的一个重要举措是连续发布虚假战况，企图在伊军内部制造思想混乱。

非常典型的例子是，首轮打击后，西方媒体立即宣传说，有确切迹象表明，萨达姆与伊拉克的高级领导人正在一个被美国F-117隐形轰炸机投下的两枚炸弹击中过的建筑物中召开会议，其中包括一名军队指挥官和萨达姆的两个儿子乌代和库赛，其中萨达姆的长子乌代已经被击毙。紧接着，美国广播公司3月21日又宣称，伊拉克总统萨达姆可能已经在美国对伊拉克第一晚的空袭中受重伤，有目击者看到萨达姆从被导弹击中的建筑物中抬出，脸上还带着氧气面罩被送入医院。3月22日，美国广播公司又报道说，3名伊拉克重要官员在对伊战争首轮"斩首行动"中被击毙。他们是拉马丹、伊布拉希姆杜里和被称为"化学阿里"的马吉德。这些报道随着伊拉克副总统拉马丹等人一一露面而不攻自破。

类似的例子还有很多，我们可以从美国控制媒体的战争报道中看到这样一个有趣的现象：伊拉克的乌姆盖斯尔失陷了数次，法奥半岛被攻占了多次，战俘数目在戏剧化变化，伊军第51师投降了几次，萨达姆也死了好几次，伊拉克南部的什叶派也不断地暴动，尽管后来很多报道相继被证实是虚假的，但这些假情报、假消息极大地迷惑了世界舆论，对不明真相的伊拉克人造成了不小

的冲击，反复进行这样的宣传确实会影响伊拉克民众的信心。

美军的另一个举措是采用离间战术分裂巴格达政权，针对不同对象采用手段不同的劝降战术。

对敌人实行离间与劝降，是当今实施心理战的惯用策略。其目的是尽量制造、扩大和强化敌人的内在矛盾，使敌人发生内耗，同时通过劝降逐步削弱敌人，以达到"不战而屈人之兵"的目的。

战争爆发第一天，美军用导弹袭击了巴格达，试图消灭萨达姆本人。令人惊奇的是，美国主流媒体第二天就全程详细地报道了这一决策的全过程，让人觉得确实有人向美国情报机构透露了萨达姆的行踪。难怪英国媒体直言不讳地说"这其实才是美国人的离间计"。另外，潜入伊拉克的特工不断挑动伊拉克南北的反对派制造混乱或者武装暴动，试图分裂巴格达政权。

在离间分裂伊拉克政权的同时，美军还实施了劝降战术。不过，对不同的对象使用了不同的手段。对于高级官员的劝降由美国特种兵和特工亲自出马，美军的情报部队搞到伊高官或高级军官的手机号码，并摸清了他们使用手机的规律，直接给这些人打电话或发手机短信，这些会说流利阿拉伯语，甚至能跟这些伊军将领攀谈家庭琐事的美国特种兵希望伊军高级将领能考虑一下推翻萨达姆的做法。对于普通士兵，在使用强大的火力以战逼降的同时，依靠撒传单劝诱伊拉克士兵投降。承诺伊军在缴出武器后仍可回自己的营房居住，不会被送到战俘营；同时告诫伊军只要老老实实待在营房，就不会遭到打击。此外，美军还利用向伊军官兵和民众发送电子邮件，怂恿他们揭露伊军藏匿大规模杀伤性武器或生化武器的地点，并且许以重奖。

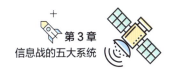

信息保密战

▶ 什么叫信息保密战？

信息保密是信息作战的核心能力之一，既要阻止对手获取己方信息，又要为己方的各种信息作战能力提供必要的信息支援。

所谓军事信息安全保密，是指在军事信息领域中通过技术性反窃密、反破坏措施，确保军事信息的完整性、可用性、机密性和真实性，保证采集信息、传输信息、处理信息、存取信息和使用信息的安全。它主要包括军事通信安全保密和计算机安全保密两大部分。在现代技术、特别是高技术条件下，军事信息安全保密已经成为军队保密工作中一个关键性课题，越来越引起人们的重视。

信息保密战包括攻、防两个方面，首先是以防为主，同时强调使用实体摧毁和电子攻击，来打击敌方收集与处理信息的能力。

▶ 怎样加强信息保密？

首先要增强责任感和使命感。我们应当清醒地看到，当前保密工作面临的形势依然十分严峻复杂。由于互联网、微信等现代通信方式已经相当普及，如果民众不增强保密意识，就可能在言谈话语中泄露国家机密。因此，做好保密教育，事关党和国家的根本利益，事关国家和军队的安危，事关军事斗争的成败，也事关经济社会发展的大局，责任重大。

其次要提高保密技术手段现代化水平。如何检查和防范，如何管好新的涉密载体、管好涉密网络和涉密通信，成为保密管理的重要方面。这就需要我们大力推进重点区域保密技术现代化，做好保密技术防范工作，利用现代科技手段，建立起保密防范意识到位、保密管理人员到位、技术防护措施到位、保密检查力量到位的重点区域保密管理体系，提高保密工作的质量和水平，确保国家秘密的安全。

对于涉密单位，首先，要制定严格的信息安全管理制度。设立专门的信息安全管理机构并制定完备的信息安全管理条例。比如加强对移动存储设备的管理工作，由专人管理涉及机密信息的存储设备，禁止用其他移动存储设备来存储和处理机密信息等。对违反规定的行为要进行严肃处理。其次，要重视网络信息安全人才的培养。加强对计算机网络管理人员的培训，提高其网络安全保护的技术水平，并加强保密观念和责任心教育；进行业务和技术培训，提高其操作技能。同时要加强对内部涉密人员的人事管理，定期组织思想教育和安全业务培训，不断提高其思想素质、技术素质和职业道德。

另外，还要完善计算机网络安全隐患的技术对策：

（1）使用数据加密技术。采用传统的信息加密技术和新兴的信息隐藏技术来保护军事涉密信息在网络上的传输。对于军事涉密信息的传发或保存，在对信息内容加密的同时，还要用信息隐藏技术来隐藏信息的发送者和接收者。可以采用隐藏技术、数字水印等技术手段将机密信息隐藏到一般文件中，然后通过网络来传递，以提高保证信息的保密性。

（2）安装杀毒软件和防火墙。通过安装杀毒软件对计算机进行定时或实时的病毒扫描及漏洞检测，对文件、邮件、内存、网页进行实时监控，发现异常情况及时处理。通过防火墙在内部网和外部网之间建立起安全网关，过滤数据包，同时控制网络信息流向，监视网络使用状况和流量，隐藏内部 IP 地址及网络结构的细节。通过安全过滤规则严格控制外网用户非法访问，并且只打开必需的服务，防范外部来的拒绝服务攻击。

（3）安装入侵检测系统和网络诱骗系统。入侵检测系统由入侵检测软件和硬件共同组成。入侵检测系统可以在军队计算机网络遭到攻击之前进行报告、拦截和响应，可以对内部攻击、外部攻击和误操作进行实时防护，因而可以弥补军队网络防火墙相对静态防御的不足。网络诱骗系统通过构建一个欺骗环境，诱骗入侵者对其进行攻击或在检测出对实际系统的攻击行为后，将攻击重新定向到该欺骗环境中，从而搜集入侵信息，观察入侵者的行为，以便分析入侵者的水平、目的、所用工具、入侵手段等，以此保护实际系统的运行，同时对入侵者的破坏行为搜集证据。

知识总结

写一写你的收获

第 4 章

网电一体战

现代战争中，网电一体战将成为一种不
可或缺的信息作战形式。

网络电磁空间

► 什么是网络电磁空间？

网络电磁空间，英文为 Cyberspace，又被称为"赛博空间"。网络电磁空间已日益成为与陆、海、空、天同样重要的作战空间。Cyberspace 本来是作家威廉·吉普森在科幻小说《新浪漫主义者》中创造的一个术语。但是随着美国空军电磁司令部的成立，网络电磁空间以一种前所未有的强悍姿态登上了军事的舞台。

根据美军参联会 2006 年出台的《电磁空间国家军事战略》，网络电磁空间被定义为通过网络化系统及相关的物理基础设施，利用电子和电磁频谱存储、修改并交换数据的领域。它主要由三部分组成：电磁频谱、电子系统、网络化基础设施。

网络电磁空间并不等同于计算机网络空间，因为它还包括使用各种电磁能量的所有物理系统，如红外线、可见光、微波、伽马射线等。网络电磁空间也不等同于因特网，因为网络电磁空间中的网络化系统，还包括并不直接与因特网相连的军用网络系统，如指挥控制网络和防空系统等。

网络电磁空间的概念非常广阔，战场上所有的信息流都在网络电磁空间流动，也意味着所有的作战信息都可能受到攻击。

总之，网络电磁空间像陆、海、空、天等

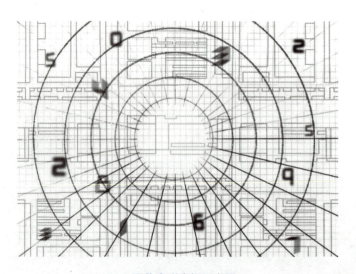

▲ 网络电磁空间示意图

114

其他常规空间一样，是一块军事行动的战场。

网络电磁空间的作战具有进入门槛低、不对称、作战力量以光的速度在全球范围内流动等特点。美国空军认为，网络电磁空间正在成为强大的美国军队潜在的致命弱点，因此，必须像控制航空空间一样控制网络电磁空间。

美国在 2013 年 2 月发布的联合出版物《网络空间作战》中对网络空间描述为：网络空间是信息环境中的全球域，由相互依存的信息技术基础设施网络及其所承载的数据构成，这些设施包括互联网、电信网络、计算机系统以及嵌入式处理器与控制器。

▶ 第五维战场

我们把宇宙中所有电和磁所赖以存在的物质以及电和磁的所有运动形式和所有参量构成的空间称为电磁空间。由于电和磁的运动可以承载信息，因此电磁空间是信息空间的一部分；网络化是电、磁运动的一种宏观拓扑形式，网络信息的本质仍是电磁信息，因此网络信息空间是电磁信息空间的一部分。

100 年前，电磁技术只是在地面通信中应用。现在，人们已经很难找到与电磁完全绝缘的社会领域。在武器装备上，电磁更是无处不在。不用说高度信息化的大型装备，就连传统的步兵，如今也要用数字化装备起来。在信息化的浪潮中，电磁空间已经成为一个国家生存与发展最重要的空间。在这个空间里，存在着巨大的资源。从频域的角度看，电磁空间不仅包括射频电磁波，而且包括极低频、低频、中频、亚毫米波、红外、可见光、紫外、X 射线和 γ 射线，甚至还包括直流电、静电、静磁，以及处于束缚态和游离态的电子和离子束。

在这个全谱的电磁空间内，储存着现代社会中绝大多数信息。谁掌控了电磁空间，谁就会拥有无法估量的信息资源和战场主动权。能量资源是任何一个社会都须臾不可离开的。过去的能量资源，在风车里，在蒸汽机里，在内燃机里。而现代社会，能量资源绝大部分存在于电磁空间，这就是电能和电磁能。

电磁频谱资源是电磁空间稀缺的战略资源。美国是最先在太空建立全球导航定位系统的国家，它发射的 GPS 信号占用了最好的 1575.42 兆赫兹和 1227.6 兆赫兹两个频段。其他国家永久性地丧失了这两个良好的大气微波窗

口频段。在信息社会，频谱资源已经像水和石油一样，上升为国家的战略资源。

　　计算机网络是 20 世纪最伟大的发明之一。在网络空间，既有信息资源，也有运行资源；既有域名资源，也有带宽资源。全世界有 13 台根服务器，大部分在美国。全球共有 11 个互联网信息交换枢纽，也大部分在美国。中国与国际互联网共有 9 个接口，称九大网关，美国都能控制其通断。曾有美国议员威胁说，要关闭中国的网络，让中国的网络瘫痪一天。在域名资源领域，争夺更是激烈。在 500 多家上市公司中，高达 86.6% 的品牌域名被恶意抢注过。全球互联网搜索巨头谷歌曾以百万美元买回了几年前被别人抢注的 CN 域名 google.com.cn 和 google.cn，创下了 CN 域名交易史上的最高价。电磁、网络空间，看似无形，却关联着实实在在的巨大利益。它是随着信息技术广泛应用而被人们逐步重视起来的物理空间。在军事上则是继陆战场、海战场、空战场和天战场之后的"第五维战场"。

网电一体战

▶ 什么是网电一体战？

所谓"网电一体战"，就是综合运用网络战和电子战手段，对敌网络化信息系统进行的一体化作战。网络战和电子战是一种整体的作战行动，是不可分割的作战样式。未来的信息作战是一个极其复杂的联合作战行动，其力量构成多元、作战空间广阔、作战行动复杂、指挥控制困难，是系统与系统的对抗。未来战场以信息技术设备为基础，广泛地开展计算机网络攻防和电子对抗。网电一体战正是抓住未来战场武器系统信息化和信息系统网络化这一信息战发展的实质，将"电子"和"网络"作为一个有机的整体来研究。这一作战理论的提出使"整体作战"思想在信息战中得以继承，是对信息作战理论的丰富和发展。

网电一体战是信息战主要样式的体现和展示。信息作战的本质就是通过攻击对方的信息系统，保护己方的信息和信息系统，来达成对战场信息优势的控制并获取和保持"制信息权"。信息战的本质是对敌方信息和信息系统的削弱和破坏。但作战保密、军事欺骗和心理战从有战争以来就一直运用于战争之中，这些要素都缺乏信息作战的本质特征，因而相对意义上的信息战主要依赖电子战和网络战的综合运用。

从战场流程来看，它主要由信息获取、信息传递、信息处理和信息利用等环节构成。其中信息获取和信息产地主要依靠电磁频谱（如战场信息获取主要依靠雷达、卫星等电子设备），信息处理和利用主要依靠计算机网络。电子战主要是利用电磁能破坏敌方信息获取和传递，网络战主要是通过病毒、黑客等方式破坏敌方信息处理和利用。但要接触或进入敌方战场网络，通常情况下只能由其战场网络的无线链路插入。因为对战场网络来讲，为了安全的需要，绝大多数情况下在物理上与互联网是相互隔离的。在野战条件下由于机动作战的需要，完全利用光缆组网几乎是不可能的，所以只有依赖电磁频谱。通过以上分析可以看出，只有将电子战和网络战手段综合运用，对敌方网络化的信息系统

进行整体攻击，才能有效地破坏敌方整个信息系统及信息流程，削弱敌方电磁空间和未来空间的优势，最大限度地降低敌方以信息技术为核心的高技术优势。

▶ 只有网电一体战才能完全掌握制信息权

所谓"计算机网络"是指通过数据通信系统把地理上分散的自主计算机系统连接起来，以达到数据通信和资源共享的目的的一种计算机系统。可见，计算机网络是在计算机技术和通信技术高度发展的基础上，两者相互结合的产物。一方面，通信系统为计算机之间的数据传送提供最重要的支持；另一方面，由于计算机技术渗透到通信领域中，又极大地提高了通信网络的性能。所以说计算机网络本身就是网电一体的产物。

在战场信息系统网络化的今天，随着电子技术与网络技术的竞相发展和综合运用，网电一体战成为必然的发展趋势。

首先，电子战攻击目的的实现离不开网络战。在技术性能上，电子技术与网络技术的发展已经到了一个融合的关口，电子战需要依赖于网络技术的优化组合才能发挥出更大的作用；在战术运用上，电子战更是需要借助于网络战的协同配合才能达到整体的攻击效果。因此，电子战与网络战的有机结合必将成为信息战的基本表现形式。

其次，网络战整体效能的发挥也离不开电子战。网络的正常运行离不开电子技术，网络攻击手段必须依靠发送和接收无线电磁信号来完成网络系统的连接，实现对己方部队的指挥与控制，而对敌方网络的破坏也将主要通过电子战手段在电磁频谱领域展开，网电一体地对敌方战场信息网络实施攻击才能取得最佳效果。

信息战场需要电子战与网络战来共同承担夺取制信息权的重任，促使二者相互融合、相互依存、互为对方提高作战效能创造条件，从而形成网电一体战。例如：对敌指挥控制中枢实施计算机病毒攻击时，一个重要的方法，就是通过电子手段将计算机病毒注入敌方信息网络系统的接收处理系统，瘫痪敌方的指挥控制中枢。这种方法的实现，需要电子战和网络战的紧密结合才能有效实施。

► 网电一体战攻击手段

1 ｜无线激活病毒，瘫痪敌综合电子系统

通过各种手段把计算机病毒植入敌综合电子信息系统，一旦作战需要，可用无线激活病毒，使敌人整个系统瘫痪。如 1991 年的海湾战争，美军在战略空袭发起前，以遥控手段激活病毒，使其从伊拉克指挥系统的打印机窜入主机，造成伊拉克防空指挥中心主减速机系统程序发生错乱。

计算机病毒对抗是电子战的一种表现形式，它已成为现代信息系统和武器装备的核心，计算机安全及计算机网络攻防成为重要的研究课题，以计算机病毒为代表的信息武器将成为新一代的战略威慑性武器。由于计算机病毒武器的形态主要是程序，构成简单、造价低、使用方便。因此，计算机病毒攻击对于网络的破坏将更直接、更有效、更现实。计算机病毒武器"侵入"的方法多种多样，主要有无线电空间注入、设备研制期注入、有线电网／节点注入等。运用计算机病毒攻击手段实施电子战这种手段一旦成功，即可使敌赖以生存的网络变为其走向失败的"导火索"。

在实施计算机病毒攻击时，还可以使用一种新型的计算机病毒武器——"逻辑炸弹"，作战时，将其输入敌方网络。病毒能在预定的时间内"苏醒"过来，进行"爆炸性"的繁衍，大量的病毒迅速"吞噬"计算机中的各种数据和信息，使计算机网络处于混乱不堪的无序状态之中，整个系统将失去控制。在科索沃战争中，北约黑客在空袭一开始就利用"逻辑炸弹"等计算机病毒疯狂地向南联盟信息网络肆虐，造成南联盟的大量网站瘫痪。北约黑客还曾侵入南联盟防空网络系统，输入假情报，大大降低南联盟防空兵器威力的发挥。

2 ｜无线注入未来炸弹，毁敌飞行武器

当敌人的隐形飞机、巡航导弹、武装直升机等进入我方电子设备的有效空域时，我方用无线电注入并引爆各种计算机网络炸弹，使敌人的武器系统失去空调管制、迷失方向、自动坠毁。当前，美国军队正在研制这种武器。我们国家研究制造这种武器的条件也已经成熟。

3 ｜无线修改网络指令，使敌失去控制

美国有全球卫星定位系统（GPS），没有 GPS 系统的支持，它的精确打

击和信息优势就无从谈起。虽然干扰和破坏 GPS 非常困难，但也不是不可能的。目前采用的 GPS 接收机干扰和对传输信号的压制或欺骗式干扰方法，无论从理论还是实践上都是可能的。当 GPS 受到干扰后，用 GPS 制导的巡航导弹就有可能偏离航向，甚至会飞到干扰指定的地域。我们可以通过无线电进入网络系统，用修改指令的方法来获得这一目的。

4 | 实施精确打击，毁节破网

战场信息网络是由遥感侦察系统、通信传递系统、处理决策系统、部队行动和武器打击系统、保障供应系统五大系统组成的整体运行的网络。这五大系统中的每一个系统，又由若干子系统组成。这些作为节点的系统都可成为军队所选择的打击目标。一旦对敌人遥感侦察系统、通信枢纽、计算机控制中心等网络节点目标实施多点精确打击，就能使敌方信息网络系统无法正常运转。海湾战争初期，美国空军在伊拉克选定了 78 个网络节点，战争打响才 28 分钟，就切断了伊军指挥部同部队的联系。

5 | 实施多种干扰，错节乱网

电子干扰是军队信息进攻的重要手段。在联合战役重要作战阶段、主要作战方向和重点地区，军队可充分发挥电子战的优势，通过雷达、通信、光电等各种干扰形式对敌方要害电子目标和空间信道实施有源或无源、瞄准或阻塞式干扰，破坏敌通信线路和节点，扰乱其信息网络的正常运行，降低其信息传输能力。科索沃战争中，以美国为首的北约部队对南联盟成功实施网络战，使用一次性电子干扰机和电磁脉冲炸弹。一次性电子干扰机由飞机、导弹投掷到战场纵深内，落地后自动伸出天线，对敌信息网络系统中的电子设备进行全频段的阻塞式干扰，干扰后能定时自毁，令敌摸不着头脑，遭受了干扰还不知道干扰源在哪里。电磁脉冲炸弹能将爆炸的化学能转变为电磁能，产生出强大的电磁脉冲，轻者能将距爆心一定距离范围内的信息网络中的电子器件击坏，重者将其烧毁化为一缕青烟。也可以使用微波炸弹，在瞬间辐射强大的微波能量，通过信息网络设施的多种入口（如天线、电源线、传输线等）进入网络，微波所产生感应电荷和电流，改变网络线路某些元器件的工作状态，造成电路功能紊乱，传输的信号产生误码和错乱，甚至使整个网络失去控制。微波炸弹可安装瞬发引信由飞机直接投掷，也可安装定时引信由特工人员进行秘密布设，攻

击的目标主要是网络中心、指挥枢纽和各种网络节点等重要信息战部位。

6 | 实施黑客攻击，渗透控网

以敌之网，控制敌人行动，也是网上斗争的一种妙招。只要敌方网络系统开通运转，就可实施计算机网络渗透。由于这种渗透不通过人的接触，而是超越时空界限，运用电子信息类比进行侦破和"打入"，因而对方反侦察系统很难发现和跟踪。目前，为了提高信息网络的效率，几乎世界各国均广泛采用了将多媒体技术、新的传输和处理技术，以及卫星通信网、移动通信网和开放分布网络高度融合一体的做法，这无疑使网络的许多联结点成为秘密渗透的可靠入口，为黑客实施攻击，进而为军队以敌之信息网络制敌行动提供了可能。

因此，在平时和未来的信息作战中应充分认识到黑客的重要作用，应把具有高科技手段和精通计算机网络技术的黑客重点培养使用，为军队夺取制信息权服务。黑客们战斗在看不见的网络系统内，凭借自己的高超技术，侵入敌方指挥网络系统，随意浏览、窃取、删改有关数据或输入假命令、假情报，破坏敌人整个作战自动化指挥系统，使其做出错误的决策；通过无线注入、预先设伏、有线网络传播等途径实施计算机网络病毒战，使对方网络瘫痪；运用各种手段施放计算机病毒直接攻击，摧毁敌方技术武器系统；同时还可以渗透到敌国的金融、交通、电力、航空、广播电视、政府等网络系统，用各种手段破坏这些重要网络系统，搞乱敌国政治、经济和社会生活，造成社会动荡，从而使敌国无心应战，达到"不战而屈人之兵"的目的。

"舒特"系统

▶ 什么是"舒特"系统?

"舒特"(Suter)的命名来自于美国"红旗"演习创立者理查德·穆迪·舒特上校。"舒特"系统是美国高度机密的"庞大旅行者计划"的一部分,是美军用来攻击敌人网络系统的机载网络攻击系统,由 BAE 系统公司负责研发,目标是入侵敌方通信网络、雷达网络以及计算机系统,尤其是那些与联合防空系统有关的系统。

早在 2000 年 1 月 6 日,美国空军就向国会通报了发展"舒特"网络攻击计划的意向,旨在建立一套将情报、监视和侦察与进攻性反信息作战和进攻性防空作战横向一体化集成的系统。

2001 年 7 月 27 日,美国国防部呈交国会的《网络中心战报告(附件)》中首次披露了"舒特"计划的相关情况:"舒特"计划是美国空军实现从传感器到射击器的无缝一体化作战网络计划之一,其目的是实现情报、监视、侦察与进攻性电子压制和进攻性防空作战横向一体化集成。这样,执行侦察任务的传感器平台就通过指挥所与电子压制和打击武器平台连接成一体化的作战网络。一旦发现目标(如移动导弹发射架),就可以迅速将目标信息传输给电子压制和打击武器平台,再根据需要实施电子压制或实施火力打击,从而将信息优势转化为行动优势。

美军"舒特"攻击系统发展至今,已有"舒特Ⅰ""舒特Ⅱ""舒特Ⅲ""舒特Ⅳ"和"舒特Ⅴ"5 代,并在 2000 年、2002 年、2004 年和 2008 年的两年一度的联合远征部队试验(JEFX)中进行了技术能力演示。联合远征部队试验是美国空军进行的"旨在探索和评估新的和即将出现的空中力量能力"的一系列试验之一。联合远征部队试验在一个真实的作战过程中对所有能力进行验证,并将这些能力与空间作战中心结合在一起,确保其发挥效能。

JEFX-2004 演习中,"舒特Ⅲ"系统演示的主要内容是:通过综合使用

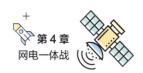

情报和高精度快速辐射源定位技术等非协作监视能力，实现入侵敌方的目标网络（如战场弹道导弹发射架、移动地空导弹发射架），由多平台通用数据链引导F-16CJ战斗机发射反辐射导弹或其他精确制导炸弹，对敌雷达和通信设施进行硬摧毁。演示表明，"舒特Ⅲ"可以将上述两种非协作监视能力通过可入侵目标链路，扩展用于监控战场弹道导弹发射架或可移动的地空导弹发射架等目标。

2006年，"舒特Ⅳ"系统直接在伊拉克和阿富汗的实战中进行了技术性能测试。根据作战需要，"舒特Ⅳ"对反叛武装力量和恐怖分子的指挥控制系统的信号特征进行了识别，并测试了目标信息快速传输给指挥人员和战斗机机组的功能。

JEFX-2008演习中，最新版本的"舒特Ⅴ"系统进行了技术试验。"舒特Ⅴ"是目前唯一、也是第一个能满足空军临时网络司令部任务需求的系统。该系统能提供战术信息战场空间的联合视图，以便同时使用动能武器、非动能武器以及进行ISR（情报、监视、侦察）作战来对付移动的、组网的敌方信息网络系统。"舒特Ⅴ"系统展示了识别和定位敌 C^3 系统的能力，能够融合多个情报源以生成通用作战视图，并利用联合数据网络态势图向战术、作战和战略领导者提供态势感知数据，并在综合电子监视设施、网络中心目标瞄准和网络空间设施等支持下，干扰、瘫痪敌方信息网络。

总的来说，与传统的电子战不同，"舒特"攻击系统综合利用电磁频谱域和网络域的综合攻击能力，应用更复杂算法攻击敌人防御网络，能够入侵敌防空雷达网和防空通信网络，具有突出的情报、监视和侦察综合能力及空间和信息利用能力。"舒特"系统通过多架装有网络中心协同目标瞄准定位的有/无人监视飞机的数据融合，可在数秒内对目标辐射源进行高精度定位和识别，并在数分钟内，通过多平台通用数据链传送到武器或地面引导站，对敌综合防空系统实施干扰、欺骗、控制和硬摧毁。

▶ "舒特"系统的攻击技术

由于任何网络，尤其是无线网络都存在薄弱环节，所以渗入敌防空系统网络有通过传感器、通信系统、通信链路、中继链路、信息处理设备和网络节点等途径。"舒特"正是以敌方电子信息系统的雷达、通信系统的天线为入口，渗

▲ RC-135U/V/W 电子侦察飞机

透进入敌方的防空网，实施网络攻击。装备"舒特"能力的飞机至少要加装"长矛"吊舱（一种功率强大的专用辐射源阵列）和"豹穴"等实施网络入侵的算法／程序。这样，实施攻击时，就能通过"长矛"吊舱发射大功率信号，渗透进敌方网络，然后根据具体攻击战术，植入不同的软件算法。进入敌防空网后，操作人员通过屏幕图像实时监视敌方雷达，并根据具体情况采取以下措施：

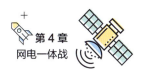

产生假目标；引导雷达在错误方向上搜索；用假目标或信息"淹没"其系统；迫使其系统转换工作模式；植入算法软件包，控制其网络并操纵其雷达转动。

典型的"舒特"机载网络攻击系统由 RC-135U/V/W 电子侦察飞机、EC-130H 专用电子战飞机或 EA-6B 等普通电子干扰飞机和 F-16CJ 战斗机组成。其攻击过程如下：

第一步，对目标实施电子侦察，使用 RC-135U/V/W 电子侦察飞机在敌防空区外进行信号和信息侦察，及时掌握敌防空体系的无线电联络内容。如遇到不能实时破译的密码，可以立即通过全球信息系统送到美国国家安全局，对侦收到的各类信号参数和信息进行分析、识别、处理，然后将有关信息传递给地面指控中心。

第二步，根据作战目的选择攻击方式。第一种方式是通过数据链路将目标信息传递给 EA-6B、EA-18G 等电子战飞机后，由其对预定目标实施电子干扰；第二种方式是通过数据链路将目标信息传递给 F-16CJ 或其他战斗机，由其对预定目标实施反辐射攻击或精确火力打击；第三种方式是通过数据链路将目标信息传递给 EC-130H 专用电子战飞机，由其对预定目标实施网络战攻击。

第三步，实施"舒特"网络攻击。当地面指控中心决定以 EC-130H 专用电子战飞机对预定目标实施攻击时，首先由 RC-135U/V/W 电子侦察飞机通过网络中心目标瞄准系统，对敌方辐射源进行高精度定位，然后由 EC-130H 专用电子战飞机向敌方雷达或通信系统的天线发射电子脉冲信号。与传统的电子干扰或电磁脉冲攻击不同的是，这些电子脉冲流不是使

▲ EC-130H 专用电子战飞机

▲ F-16CJ 战斗机

▲ EA-18G 电子战飞机

用过载的"噪音"或能量淹没敌电子设备，而是向敌人脆弱的处理节点植入定制的信号，包括专业算法和恶意程序，巧妙渗入敌方防空雷达网络，或窥测敌方雷达屏幕信息，或实施干扰和欺骗，或冒充敌方网络管理员身份接管系统，操纵雷达天线转向，使其无法发现来袭目标。

▶ "舒特"系统攻击方式

与传统的网络战手段不同的是，依靠"舒特"系统，网络进攻一方无须通过人工在敌方通信光缆、电缆上搭线，也无须通过间谍等情报人员打入敌方内部用人工的手段往目标网络植入病毒或插入其他零部件。网络进攻能在不触动对方通信光缆、电缆以及不需要人员接近对方设备的情况下，通过"舒特"系统"凭空"进入目标网络。在"凭空"进入目标网络完成遥侵之后，"舒特"网络攻击系统还能实现"遥控"敌方网络的目标。

1 | 远程无线入侵

"舒特"系统，能使操作员进入敌方防空系统计算机网络，监视敌方雷达所检测的目标；"舒特"核心技术甚至让操作员作为对方系统管理员，控制网络和操纵敌方雷达传感器。"舒特"技术能入侵敌方敏感目标跟踪链路，诸如战场弹道导弹发射台或移动式地空导弹发射台。"舒特"系统包含一些用来大量检测各类电子发射信号的高效能传感器，它的计算机软件识别基于敌方发射机数据库的知识。这个过程包括确定敌方发射台的准确位置，导入包括多个虚假目标的数据流，以及误导包括控制在内的许多活动信息。

2 | 以网制网对抗

"舒特"系统对信息网络的攻击，是通过对军事通信网络中无线通信系统（无线通信系统是指用构成通信链路的卫星通信网、微波通信网、超短波宽带通信网等）采用"无线侵入"的方式实施"网络攻击"。在用电磁波干扰正常通信的同时，以网络攻击植入"木马"病毒瘫痪敌方指挥控制系统，或伪造管理员身份发布虚假信息影响指挥员决策、作战部署等。网络攻击的威胁比电子干扰更加具有隐蔽性强、破坏性大、无及时反应或爆发延时等特点。其目的是利用

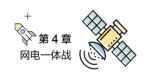
"舒特"系统优势开展"以网制网"的对抗,实现作战效果最大化。

3 | 对制导武器系统实施攻击

"舒特"系统可利用攻击目标辐射的定向电磁波,以"无线侵入"的方式,实施"木马"病毒攻击,如针对弹道导弹或地空导弹的发射系统,通过控制其发射指令和目标指令,其中也包括导弹自身自动引导系统。现代导弹系统大多采用无线制导、雷达制导、红外制导、激光制导、GPS 制导等方式,制导过程中,导引系统不断测定导弹与目标或预定轨道的位置关系,以控制飞行,提高命中目标的概率,而这些制导方式刚好为"舒特"的侵入提供了途径。在作战中,美军可以通过"舒特"系统控制对方的制导系统,改变制导武器的飞行轨道,从而有效地保护其重要目标的安全,甚至利用制导武器反向攻击敌方。

4 | 对传感器实施攻击

"舒特"系统具有对预警监视系统的制盲、制瘫能力。预警监视系统的功能主要通过海洋监视卫星、导弹预警卫星、通信卫星、警戒雷达等装备系统来实现,而这些系统都有可能被"舒特"系统利用和控制,从而使这些系统丧失预警探测监视能力。"舒特"系统对传感器实施攻击一般采取以下三种侵入方式:

一是将传感器内部的无线通信数据中植入控制指令或"木马"病毒,破坏数据处理系统。

二是将控制指令或"木马"病毒植入传感器探测回传数据中,破坏对方的探测控制系统。

三是在监视、预警和通信卫星通信数据链中插入大量虚假信息,干扰正常的预警、监视、通信行为,降低卫星预警、监视和通信能力。

▶ 应对措施

在清楚了"舒特"系统的攻击流程和攻击方式之后,就可以针对其攻击流程和攻击方式采取应对措施。

1 | 增强电磁屏蔽措施

要对重要的防空网络设施落实各种电磁屏蔽措施,着力减少不必要的电磁辐射,并且可以使用各种假频率、假信号迷惑敌方电子侦察系统,以此减少被

敌方分析网络脆弱节点的机会。从"舒特"系统的工作原理和攻击方式中可以看出，它主要是通过发射大功率的辐射信号实现对目标网络入侵的。因此可以采取技术手段对防空雷达进行改造，拒绝异常信息，从源头上减少被攻击的可能性，也可以在探测到"舒特"系统工作之后，对其具体实施网络攻击的单元发射大功率的强电磁脉冲，干扰、削弱、摧毁其远程无线入侵能力。

2 │ 加强网络防御技术

要加强计算机网络防御技术，保护信息、计算机和网络免受扰乱或摧毁。网络威胁是指利用"数据通信线路试图未经授权进入控制系统装置和网络"。安全专家可以对已知的、可能的攻击向量进行类别风险评估，以便更好地保护系统和网络。目前，我们计算机网络系统的主要威胁向量有来自外部的电话攻击，远程注入式攻击，来自局域网的内部攻击，本地系统的内部攻击，恶意代码攻击等。这些向量使得网络安全专家能根据该机构网络系统遭遇的最可能的威胁，正确分析现有系统和它们的漏洞。但是漏洞分析中潜在的威胁分析只涉及已知的漏洞利用和攻击向量。因此，必须从不同的来源和角度思考保护网络免受从未知晓的攻击。网络安全专家必须采取先发制人的网络防御策略以反击这些新攻击。

对于目前的多数网络防御技术和方法，深入了解目前的攻击向量是非常必要的，而且这在可见的未来是不会改变的。未来所需的是根据基于异常的建模与仿真范例应用先发制人网络防御机制的补充战略。这就是说，安全管理员不是坐等攻击开始，而是建立新的创新程序进行积极主动的网络防御，如近年来较为流行的蜜罐（Honeypots）／蜜网（Honey net）技术。蜜罐技术是一种主动的入侵检测技术。其在网络上设置含有漏洞的蜜罐／蜜网用来诱骗攻击者。蜜罐应以纯粹的形式显示攻击效果，而不发出任何噪音。使用适当配置的蜜罐，通过观察哪些文件以意想不到的方式发生改变或是计算机正在试图进行它从未尝试过的进程来检测恶意软件的存在。蜜罐还可以加载一些潜在敌人特别感兴趣的进程或文件。观察哪些文件被复制或哪些过程被改变也有助于了解网络攻击的目标，并可能得知攻击者在网络空间的战略。

3 │ 装备混编系统备份

要对各个网络脆弱节点，力求做到及早发现恶意辐射信号的侵入。在防空

兵力部署方面，应尽量做到俄制与自研装备混编部署，并且要对重要网络设备实施备份，备份系统的体制应与原系统有所区别，提高防空网络的攻击检测能力和快速恢复能力。一旦发现原系统已被"舒特"系统遥侵、遥控，应果断切换备份系统，当"舒特"系统发现被攻击方更换备份系统时，要重新实现遥侵、遥控，首先要花一定时间完成侦测、分析。在战术上，尤其是在现代防空作战中，这一段短短的时间往往就足够防空网络系统发挥应有功能而完成任务了。

4 │ 防空预警装备应对措施

（1）积极开展预警装备研究运用和升级改造。对预警监视情报网络系统采取安全性更高的光纤有线技术联网；积极研制具有自主知识产权的计算机网络核心芯片；升级改造敌我识别系统、情报信息传输系统，运用安全防护控制技术，提高系统的抗扰防毁能力。

（2）提升防空预警情报网络防护能力。针对防空预警情报网络系统的内部工作环境，专门研制发展与之环境配套的攻击检测、报警告知、定位指示、快速杀毒和功能恢复等性能完备的防护软件，以提高防空预警系统的攻击检测报警以及快速杀毒和功能恢复能力。

（3）加强雷达电磁频谱管控。严防防空预警情报网中重要支撑点雷达相关技术参数，特别是作战使用电磁频谱泄露，严格管控备用频率、隐蔽频率使用，区分常用、备用隐蔽在平时战时，做到常备（隐）分离，平战分离，真正做到"管控严格、使用合理"，最大限度地保护频谱资源。

（4）扩大无源雷达覆盖面。"舒特"系统机理，是先侦察对方信息再无线进攻网络。无源雷达具有隐蔽性，利用各种存在于空间的民用无线电信号探测运动目标，敌方无法知道是否受到监视，己方因不发射电磁波而避免了暴露，极大地提高己方的生存能力，这样可以从源头上切断"舒特"系统的工作环境，使其不能正常发挥作用。也可通过增加无源雷达部署，优化有源雷达与无源雷达结构，形成有源与无源、常规与特种预警的雷达部署结构，从预警雷达技术体制上抵抗"舒特"系统的威胁。

（5）建立并完善目标特征信息数据库。建立并不断完善敌我目标特征信息数据库，以无源和有源雷达为平台，以目标特征信息数据识别判断和分析印证为机制，在现有无源雷达数据库的基础上，不断升级完善信息数据库；尝试改

▲ 美军雷达设施

造有源雷达，建立以有源雷达自身频谱为基础的目标特征信息数据库，运用搜索检测、对比查证的方法，来区别实体目标和电子网络进攻目标。

从近几年美国主导的现代信息战中进行空袭的战例来看，"舒特"是美国空军一种绝密的网络信息战武器，主要利用网络病毒入侵敌方通信系统、雷达站和计算机，尤其是与地面防空有关的系统。与主动强电磁干扰手段不同，依靠"舒特"系统，美军无须用导弹摧毁对方的通信系统和雷达，便能"凭空"渗透进目标网络，使其呈现"麻痹"或"假死"状态，使己方的攻击机群能轻松完成预定的轰炸任务。凭借着"舒特"机载网络攻击系统，成功突破先进防空武器系统的严密防护，对纵深内的目标实施毁灭性突击。充分说明了"舒特"网络攻击系统的实战威力，也使得世人不得不高度关注"舒特"攻击系统的攻击原理和对其防范的方法。"舒特"系统以及其他网络攻击方法，毫无疑问将使得未来战争中的电子战、网络战样式更加丰富。

发人深省的思考

打赢信息战，需要依靠由政治、经济、军事、科技、文化、外交等多种因素结合在一起的国家战略能力。国家战略能力，是一个国家在需要进行战争或应对突发事件时所能调动的各种力量的综合，包括由经济实力、国防实力和民族凝聚力等构成的综合国力。国家战略能力是军队实施信息战的重要基础。因此，提高国家战略能力，对于打赢信息战具有决定性作用。

改革开放以来，中国在加强国防军事实力方面取得巨大成就，在应对信息战方面，也有许多闪光点。例如，在纪念抗日战争胜利阅兵式上，展现了我国多种型号的电子战飞机和其他电子战武器，令人振奋。但为了完全赢得信息战，我国目前需要解决一些短板：

（1）我国目前计算机中的芯片绝大多数是从美国进口的，如果在国际形势发生突变时，厂商在新品中固化了病毒，在关键时刻用各种手段激活病毒，我国将不战自败。

（2）我国现有计算机几乎都使用 Windows 系统。大家知道，一些计算机病毒就是利用该系统的漏洞，制造了病毒。而系统的研发者最了解自己系统的结构，如果在战争时期向我国境内输入病毒，我们在短时间内很难应对。

（3）根服务器主要用来管理互联网的主目录，全世界 IPv4 根服务器只有 13 台（这 13 台 IPv4 根域名服务器名字分别为 A 至 M），1 个为主根服务器在美国，其余 12 个均为辅根服务器，其中 9 个在美国，欧洲 2 个，位于英国和瑞典，亚洲 1 个，位于日本。世界对互联网的依赖性非常大，美国通过控制根服务器而控制了整个互联网，对于其他国家的网络安全构成了潜在的重大威胁。

（4）缺乏网战人才。美国可以大张旗鼓地培养、招聘网战人才，建立网络战部队，举行网络空间战演习，建立网络战靶场。而我国受理念方面的限制，不必说培养和招聘专门人才，甚至忌谈网络战。

（5）全社会缺乏信息战的意识。现在真正了解信息战重要性的人员很少，报纸、电视等主流媒体也很少报道这方面的情况，包括有影响的电视台，播放

的军事节目，很少涉及网络战内容。

（6）民众的网络安全意识差，有人甚至在互联网上泄露我国战机试验飞行的情况。

面对上述情况，今后最重要的举措是加强对信息战的宣传，包括什么是信息战、信息战对未来的战争有什么影响、众应增强哪些方面的意识、国家应有哪些新举措。

知识总结

写一写你的收获